Spiel und Spaß fürs ganze Jahr

Carola Schuster-Brink

Spiel und Spaß fürs ganze Jahr

Basteleien, Rätsel, Wissenswertes, Geschichten, Ausflüge für alle Jahreszeiten, Spiele für drinnen und draußen

CORMORAN

Inhalt

Der Frühling läßt die Blumen erwachen.

Zu Besuch in der Kinderstube der Katzen.

Die Farben des Sommers sind die Farben von Reife und Ernte.

Wasser, Sand und Steine – was braucht ein Kind im Sommer mehr?

Der Herbst bietet Kindern eine Fülle an Farben, Formen, an Sammel- und Bastelspaß.

Was schnattert, was flattert, was raschelt im Stroh: Aus dem Leben der Gänse im Herbst.

Für Kinder ist ein Winter mit viel Schnee ein tolles Vergnügen. Und die Winterluft ist auch noch gesund.

Kreuz und quer auf einem zugefrorenen Weiher oder See Eis laufen ist mit Sicherheit lustiger als immer in derselben Richtung im Eisstadion.

Liebe Eltern,

Kinder mit der Natur und all ihren Erscheinungen vertraut zu machen, bedeutet auch, sie in ihrer Entwicklung zu fördern. Indem sie sich sinnlich mit ihrer Umwelt auseinandersetzen, lernen sie auch sich selbst kennen. Alles, was sie dabei erfahren, ermutigt sie, sich handelnd am Leben zu beteiligen, und wir können dafür die optimalen Voraussetzungen schaffen.

Sie halten ein Buch in der Hand, das Ihnen und Ihren Kindern die vier Jahreszeiten, Frühling, Sommer, Herbst und Winter, nahebringen möchte. Gerade das hochtechnisierte Leben in der Stadt verhindert häufig, daß wir die charakteristischen Schönheiten der einzelnen Jahreszeiten richtig wahrnehmen. Die frühe Dämmerung im Winter wird vom künstlichen Licht verdrängt, der Gestank von Autoabgasen überdeckt den Duft von feuchtem Herbstlaub.

Doch wie wohltuend ist es, sich von Zeit zu Zeit von den Geheimnissen der Natur verzaubern zu lassen: das Aufspringen der Knospen im Frühjahr, der in allen Farben leuchtende Laubwald im Herbst oder die Stille eines Wintertages, wenn der Schnee nicht nur jeden Laut verschluckt, sondern allen Dingen ihre Ecken und Kanten nimmt und sie unter einer weißen Decke versteckt.

Jede Jahreszeit ist Kinderzeit

Kinder sind noch viel mehr als Erwachsene offen für diese Geheimnisse. Für sie sind alle Jahreszeiten immer wieder neu und spannend. Die erste Schneeflocke wird laut jubelnd begrüßt, sobald das Thermometer im April mal über 15 Grad klettert, wird die Luftmatratze aufgeblasen, und was macht mehr Spaß, als im kniehohen Herbstlaub zu waten?

Die Natur muß aus erster Hand erlebt werden, mit allen Sinnen und nicht als Fernsehfilm, der zum Stillsitzen zwingt. Natur ist Bewegung, Begegnung, Tun und Toben, Natur ist Riechen, Anfassen und Kosten, Natur ist laut und leise, Natur ist zart wie ein neugeborenes Kätzchen und bedrohlich wie eine sturmgepeitschte Meereswoge.

In der Begegnung mit der Natur lernen Kinder auch sich selbst kennen. Vielleicht beobachtet der eine ganz versunken eine Biene beim Blütenstaub sammeln und dem anderen gefällt ein tosender, gischtsprühender Wasserfall, der eine betrachtet den Himmel und die Wolkengebilde, der andere rennt über Wiesen und klettert auf Bäume. Und das eine ist genauso wertvoll wie das andere. Die Natur hält, je nach Temperament, für alle Kinder etwas bereit.

So eine kleine Sonne kann nur gute Laune verbreiten.

Unter einer Fülle von Vorschlägen kann Ihr Kind je nach Wetter aussuchen, was es gerade tun möchte, und die Vorschläge beliebig variieren. Dazu ist keine großer Aufwand nötig. Kaufen und konsumieren kommt nicht vor, aber viel Platz für eigene Ideen.

Dieses Buch führt Sie zusammen mit Ihren Kindern durch alle Jahreszeiten. Viel Spannendes wird geboten:

- Besuche auf dem Wochenmarkt und die bunte Vielfalt der Kinderküche
- Die Naturseiten, auf denen die Kinder sehen können, wie die jeweilige Jahreszeit die Natur verändert und gestaltet
- Die Bastelseiten, die Spaß und Abenteuer bringen, aber auch viele Geschenkideen für Ostern, Weihnachten oder Geburtstage
- Die Spielseiten mit all den lustigen und lehrreichen Spielideen für drinnen und draußen
- Die Lieder- und Gedichtseiten, die Verse und Rätsel und die spannenden Geschichten zum Vorlesen und Nacherzählen
- Die Gemäldeseite, auf der ein typisches Bild von einem berühmten Maler zur jeweiligen Jahreszeit vorgestellt wird
- Die Anregungen für den eigenen kleinen Garten
- Die Tips für Feste, die es in jeder Jahreszeit gibt: für Ostern, Adventszeit und Fasching sowie für den großen Sommerurlaub.
- Die Malseiten mit den typischen Farben der vier Jahreszeiten.

Frühling, Sommer, Herbst und Winter

Es fängt an mit dem Frühling, der es immer ganz besonders schwer hat, sich gegen die vorangegangene Jahreszeit durchzusetzen. Erst nach den Eisheiligen – Mitte Mai – sind die Frostnächte endgültig vorbei.
Lassen Sie Ihre Kinder säen und pflanzen und erleben, wie aus Samenkörnern winzige Triebe, Blätter und Blüten werden. Gehen Sie mit den Kindern hinaus in Parks und Stadtgärten, zum Wiesenrand und in den Wald, überall, wo der Frühling regelrecht aufbricht und ans Licht

drängt. Hören Sie mit ihnen das erste Lied der Amsel abends vom Hausgiebel nebenan, und erleben Sie die langsam länger und wärmer werdenden Tage.
Und auf einmal ist es Sommer, die Ferien stehen vor der Türe. Die Begegnung mit der Natur macht im Sommer bei Ball- und Tobespielen, Wanderungen und Radausflügen ganz besonders Spaß. In aller Ruhe können Sie diese Jahreszeit mit Ihren Kindern erleben, wenn Sie frühmorgens in den Wald gehen oder Sonnenuntergänge an Seen und Flüssen beobachten. Oder machen Sie einen Spaziergang gleich nach einem Gewitterregen, dann riecht die Natur noch intensiver.
Überhaupt hat jede Jahreszeit ihre eigenen Düfte. Das gilt auch für den Herbst. Im Herbst riecht es nach Laub und Marmelade, nach Moos und Kartoffelfeuer, nach Schneeluft und Stollen, nach Nebel und Tannengrün. Die Blätter verfärben sich, morgens gibt es Nebel und etwas später im Jahr sogar Rauhreif. Mütze und Schal werden ausgemottet und an Regentagen die Bastelkiste wieder hervorgeholt.
Das Ende des alten und den Beginn des neuen Jahres markiert der Winter. Warm eingepackt lohnt es sich auch in dieser Jahreszeit, ins Freie zu gehen, Lieblingsbäume, Lieblingsplätze, Lieblingsbäche wieder aufzusuchen. Wie hat sich die Welt verändert, sogar die ganz bekannten Eckchen und Fleckchen erscheinen uns fremd.

Wir möchten Sie anregen, Kinder sinnvoll den Jahreszeiten entsprechend zu beschäftigen und so auch Alternativen zu einem oft übermäßigen Fernsehkonsum anbieten zu können. Und am besten ist es, Sie schließen sich gleich an und gehen gemeinsam mit Ihren Kindern auf Entdeckungsreise.

Die Welt mit Kinderaugen sehen

Für die meisten von uns ist der Wechsel in der Natur nichts Aufregendes mehr. Schließlich ist es jedes Jahr dasselbe, und oft müssen wir andere Prioritäten setzen. Wer die Jahreszeiten jedoch mit Kindern erlebt, kann sich von ihrer Sicht der Dinge anstecken lassen, wird dann anders hinschauen, erlebt und genießt neu und freut sich mit ihnen auf jede Jahreszeit.

Der Frühling

Wenn man sich die zwölf Monate als die Ziffern eines Zifferblattes vorstellt, dann durchläuft der kleine Zeiger drei Ziffern während einer Jahreszeit.

Unsere Erde braucht etwa 365 Tage, um sich einmal um die Sonne zu drehen. Die Kalendermacher haben jedoch entdeckt, daß in jedem vierten Jahr noch ein wenig Zeit zuviel ist, ein ganzer Tag nämlich, den sie dann dem Februar hinzurechnen. So hat der Februar, der meist nur 28 Tage hat, in jedem vierten Jahr 29 Tage – und das Jahr 366 Tage und wird Schaltjahr genannt. Während sich die Erde um die Sonne dreht, beeinflußt sie die Natur ganz unterschiedlich: Wir erleben meist einen kalten Winter, einen kühlen Frühling, einen heißen Sommer und einen warmen Herbst. In anderen Erdteilen ist das anders, etwa in Afrika oder Alaska.

24 Stunden braucht die Erde, um sich einmal um sich selbst zu drehen. Der Wechsel von Hell und Dunkel bestimmt unseren Tageslauf: Morgen, Mittag, Abend und Nacht. Dann ist ein Tag vergangen. Sieben Tage hintereinander – von Montag bis Sonntag – werden als Woche bezeichnet. Das Jahr hat 52 Wochen; sie verteilen sich auf die zwölf Monate. Jede der vier Jahreszeiten umfaßt drei Monate; der Frühling dauert von März bis Mai. Im Juni beginnt der Sommer, der Herbst im September. Wenn das Jahr zu Ende geht, wird es wieder Winter. Der Jahreskreis hat sich wieder geschlossen.

Im Verlauf des Frühlings steht die Sonne jeden Tag ein wenig höher am Himmel, und die Helligkeit dauert von Tag zu Tag etwas länger.

Ein Baum im Wandel der Jahreszeiten

Die Kastanie im Frühling

Bereits im Frühsommer hat die Kastanie Knospen angesetzt, die den Winter überdauern und im Frühjahr klebrig werden. Die klebrige Masse verhindert einerseits, daß die Knospen austrocknen oder beschädigt werden, und hält andererseits durch ihren bitteren Geschmack Vögel und Insekten davon ab, die Knospen zu fressen. Platzen die Knospen dann auf, kommen Blätter zum Vorschein, die dicht mit weißen Härchen besetzt sind.

Die Wiese zu Füßen der Roßkastanie hat schon im Februar den Winter beendet: Zuerst kamen die Gänseblümchen und Hungerblümchen, dann Hirtentäschelkraut und Vogelmiere und zum Schluß der Hahnenfuß und der Löwenzahn. Noch hat die Kastanie wenig Laub entwickelt, so daß das Licht ungehindert bei den kleinen Wiesenblumen ankommt. Die Farbe Blau hält ihren Einzug etwas später als die zarten Vorfrühlingsfarben. Im Sommer gesellt sich dann das kräftige Rot des blühenden Klatschmohns hinzu.

Eine wahre Blütenpracht

Über und über ist der Kastanienbaum im Frühling mit etwa 30 Zentimeter hohen Kerzen besetzt. Es summt und brummt im Geäst. Sind die Blütenstände von den summenden Gästen bestäubt, verlieren sie ihre gelblichweiße Farbe und werden innerhalb weniger Tage rot bis karminrot. Dann kann man sie schon von weitem sehen. Wenn alle Kerzen das leuchtende Rot angenommen haben, hört das Summen und Brummen der Insekten so plötzlich auf, wie es angefangen hat.

Der Baum stellt seine Duft- und Nektarproduktion ein. Die Arbeit ist getan, alle Blüten sind bestäubt, und das schwirrende Insektenvolk zieht weiter. Wenn die wunderschönen Kerzen verblüht sind, kleidet sich die Kastanie für den Sommer um: Sie trägt dann Grün bis in den Herbst hinein.

Jede Jahreszeit hat ihre Farben

Den Frühling malen

Damit die Farben gut zur Geltung kommen und das Bild seine frühlingshafte Leichtigkeit bewahrt, sollte die Vorzeichnung nur mit leichten Bleistift- oder Pinselstrichen ausgeführt werden. Vorsicht mit den Händen auf dem Papier – das könnte Fettflecken geben, auf denen dann später die Wasserfarbe nicht hält.

Nachdem die Natur ihre lange Winterruhe beendet hat, beginnen sich, erst zaghaft, dann immer heftiger die Frühlingsfarben zu entwickeln. Anfangs sind die Wiesen noch gelblich und plattgedrückt vom gerade weggetauten Schnee. Doch bald schon zeigen sich als erste Boten weiße Schneeglöckchen, dann gelbe, violette und weiße Krokusse und Märzenbecher. An Waldrändern breitet sich ein ganzer Teppich von gelb blühendem Scharbockskraut und zartgelben Schlüsselblumen aus, lange bevor in den Vorgärten die ersten Narzissen, Osterglocken und Tulpen ihre Blütenkelche in die laue Frühlingsluft recken. Mit ihnen ziehen dann die Frühlingsfarben Gelb, Rot und Blau ein. Das Gras wird grün und kräftiger. Gelbe Forsythien-Büsche, weiß-aprikosenfarbene Magnolienbäume mit schweren, duftgetränkten Kelchen, das Rosa der japanischen Kirschbäume und später auch die satte Kirsch- und Apfelblüte in löwenzahngelben Wiesen stürzen die Landschaft für kurze Zeit in einen wahren Farbenrausch.

Heitere Frühlingspracht

Die ganze Farbenvielfalt des Frühlings auf ein Bild zu bannen ist gar nicht so einfach. Nach dem Motto »Weniger ist mehr« sollte man sich auf Ausschnitte konzentrieren. Eine blühende Sommerwiese mit Blick auf einen Bauernhof oder eine Wiese mit blühenden Obstbäumen und Schmetterlingen, vielleicht auch den eigenen Vorgarten in seiner bunten Pracht. An Motiven fehlt es jetzt nicht! Wichtig ist es, sich vorher darüber klarzuwerden, was man malen möchte. Was kann ich weglassen? Was soll im Zentrum meines Bildes stehen?

Mit Pinsel und Wasserfarben

Schöne, kräftige Wasserfarben eignen sich besonders gut für ein Frühlingsbild. Mit ihnen lassen sich wunderbare Akzente setzen. Da kann man die Farbe mal dick auftragen und kräftige Tulpen, Osterglocken oder einen bunten Hahn malen oder sie verdünnen und damit die diesige Luft am Horizont gestalten.
Wichtig sind ein großes Zeichenformat und gute Pinsel. Sie müssen möglichst viel flüssige Farbe aufnehmen können. Da sollte nicht gespart werden. Am besten sind Rotmarderpinsel. Sie sind teuer, halten aber eine Ewigkeit, wenn man sie nach dem Malen gut auswäscht und mit den Fingern den Haarkörper nachformt. Als Papier eignet sich saugfähiges Aquarellpapier.

Und so wird's gemacht

Sobald man eine ungefähre Idee davon hat, was man malen möchte, geht es darum, die Motive auf dem Bild richtig anzuordnen. Es ist wichtig, daß man sich die Formen und Farben lebhaft vorstellen kann, daß Hintergrund und Vordergrund gut durchdacht sind. Mit zarten Bleistiftstrichen sollte die Grundkomposition festgehalten werden. Einzelne Gegenstände wie Hahn, Tulpen, Obstbäume, Blumen, Schmetterlinge, Schnecken usw. lassen sich mit einfachen geometrischen Grundformen malen. Am besten übt man die Formen zuerst freihändig auf einem Blatt Papier .
Wer nebenstehendes Bild genau betrachtet, wird diese Grundformen überall finden, mit denen sich ein Bild leicht zusammenbauen läßt.
Beim Anmalen darauf achten, daß die Gegenstände im Vordergrund kräftigere Farben haben als die im Hintergrund. So entsteht ein räumlicher Eindruck.
Nun geht's los! Wer fängt den Frühling auf seinem Bild ein?

Am besten ganz unbefangen mit den Farben umgehen. Richtig schön ist das Bild erst, wenn nichts mehr vom weißen Papier zu sehen ist.

Formen und Farben

Auf der linken Seite des Bildes sind einfache geometrische Formen und Figuren zu sehen, die als Grundelemente für ein Frühlingsbild verwendet werden können. Später können sie dann mit freien Elementen zu einem Gesamtbild vereinigt werden, wie es auf der Seite 11 zu sehen ist. Natürlich können die Elemente beliebig ergänzt werden. So ergeben verschieden große Rechtecke einen Hühnerstall mit Türe und noch größere das dazugehörende Bauernhaus mit Fensterläden und rauchendem Schornstein.

Viel Freude beim Malen und Zeichnen!

Sehen und staunen

Was gibt es auf dem Wochenmarkt?

Auch wenn viele Kinder das nicht gerne hören: Spinat wird aufgrund seines hohen Eisengehaltes besonders Kindern und Jugendlichen empfohlen. Hinzu kommt, daß viele Vitamine und andere Nährstoffe, die sich positiv auf die Gesundheit auswirken, enthalten sind. Und das alles mit wenigen Kalorien. Wichtig ist es jedoch, Spinat mit etwas Fett zuzubereiten, damit sich die Nährstoffe entfalten können.

Der Lauch geht, der Spinat kommt, zum Schrecken mancher Kinder.
Grün ist der Wochenmarkt im Frühling. Das tut den Augen nach den langen grauen Wintertagen besonders gut. Frühlingszwiebeln und Kopfsalat, Küchenkräuter aller Art und der letzte Feldsalat beherrschen das Bild des Bauernmarktes. Rettiche und Radieschen, Kohlrabi und Spargel lassen sich meist bis April Zeit, wenn ihnen nicht im Treibhaus nachgeholfen wurde.
Wenn der Frühling so richtig explodiert, ist der Wochenmarkt ein Blumenmeer. Primeln in leuchtenden Farben und Stiefmütterchen machen den Anfang, ihnen folgen die Märzenbecher, Krokusse und Veilchen. Blütenzweige und Palmkätzchen werden angeboten. Bald sieht man die

Im Frühling wird der Wochenmarkt zu einem einzigen Blütenmeer.

ersten Tulpen in ihren leuchtenden Farben und den vielfältigen Formen. Wenn dann im Mai der Flieder zu blühen beginnt, hat der Frühling endgültig das Regiment übernommen.
Wenn die Frostnächte vorbei sind, beginnt die Anpflanzzeit auf den Balkonen. Hier bietet der Markt Rankendes und Blühendes in Hülle und Fülle für Töpfe, Schalen und Blumenkästen.
Gegen Ende des Frühlings wird der Gemüsemarkt immer üppiger. Gurken, Tomaten, Möhren, Wirsing und viele Salatsorten werden angeboten. Der Rhabarber schmeckt jetzt am besten. Die ersten Erdbeeren tauchen auf, dazu die frühen Kirschen. Der Sommer hält Einzug.

Der Wochenmarkt ist der Spiegel der Jahreszeiten. Jetzt, im Frühjahr, bestimmen Salat, Küchenkräuter und die ersten Möhren das Feld.

Frühlingssalat

Zutaten

- Einige Radieschen
- 1 Apfel
- Kresse
- Sonnenblumensprossen
- Frühlingszwiebeln (statt Schnittlauch)
- 1 Kopfsalat mit schönen, großen Blättern
- Naturjoghurt
- Vollkornbrot

Zubereitung

- Radieschen und Apfel gründlich waschen und entweder fein reiben oder kleinschneiden.
- Die anderen Zutaten ebenfalls fein schneiden.
- Den Joghurt zu 3/4 in eine Schüssel gießen und mit dem Apfel, den Radieschen, der Kresse und den Sonnenblumensprossen mischen.
- Ein großes Salatblatt ohne Loch oder Riß waschen, trockentupfen und dick mit dem restlichen Joghurt bestreichen.
- Den Salat wie in ein Schüsselchen einfüllen, mit den fein geschnittenen Frühlingszwiebeln bestreuen und etwas Vollkornbrot darüber bröseln.

Guten Appetit!

Wir spielen draußen

Endlich ist der Schnee geschmolzen, der lange die Lieblingsplätze vom Sommer so zugedeckt hat, daß sie fast nicht zu finden waren. Der große Stein liegt noch am selben Fleck und neben ihm die dürren Äste vom letzten Jahr. Ganz langsam stellt sich die Gewißheit ein: Das ist der Platz, an dem wir im letzten Sommer die Füße in den Bach steckten; dort haben wir im Herbst all die Kostbarkeiten aufgesammelt, die der Wald ganz freiwillig hergab. Dann war der Winter gekommen und hatte mit einer dicken Decke aus Schnee alles vor unseren Augen versteckt. Und jetzt ist Frühling!

Weil es im Wald doch um einiges kälter ist als draußen auf der Wiese, wo die Frühlingssonne ungehindert ihre warmen Strahlen hinschicken kann, halten sich Schneereste und Feuchtigkeit im Boden besonders lange. Sich hier auf die nackte Erde zu setzen, ohne sich eine Erkältung zu holen, geht erst im Hochsommer nach einigen heißen Tagen.

Das weiße Wunder

Trotzdem, etwas ist anders. Das gab es weder im Sommer noch im Herbst oder Winter. Unterm Lieblingsbaum ist der Waldboden seltsam weiß! Erst sah es so aus, als seien hier und da noch Schneereste liegengeblieben. Aber beim Näherkommen ist es deutlich zu sehen: Der Waldboden blüht. Was da blüht, wüßte wohl niemand so auf Anhieb zu sagen. Also wandert eine Blüte mit nach Hause, damit sie im Bestimmungsbuch gesucht werden kann. Bärlauch heißt der Frühlingsblüher, und er ist mit dem Knoblauch verwandt. Tatsächlich – beim Zerreiben riecht er stark danach.

Um das weiße Wunder noch einmal zu sehen, findet ganz rasch ein zweiter Frühlingsausflug zur Lieblingsstelle statt. Doch: Große Enttäuschung, nicht eine weiße Blüte ist mehr zu sehen! Die Bäume über dem Bärlauch haben Millionen Blätter bekommen. Da bekommt der Waldboden kaum noch einen Lichtstrahl ab. Aber ein Trost bleibt, der Bach plätschert noch. Vor lauter Bärlauch wäre er beinahe vergessen worden.

Das hab' ich mir von draußen mitgebracht

Die Gassenjungen der Weltgeschichte

Ein paar Versuche für die eher wissenschaftliche Neugierde: Welcher Stein hinterläßt Striche auf dem Pflaster – und in welcher Farbe? Sind Kristalle eingeschlossen (eventuell mit der Lupe untersuchen)? Wenn sich keine Körnchen abkratzen lassen, ist der Stein wahrscheinlich Quarz, Gneis oder Granit. Soll ein Stein zerklopft werden, ein Tuch gegen die Splitter drüberlegen und erst dann mit dem Hammer zuschlagen.

Von den Spaziergängen im Herbst und im Sommer ließ sich ziemlich viel nach Hause tragen: Zweige, Früchte und Samen, Moose und was Wald und Wiese sonst noch hergaben.
Im Winter konnte man Schneebälle werfen, sie zu großen Schneekugeln rollen oder im Kühlschrank als Wintererinnerung eine Weile konservieren. Aber im Frühling?

Steinerne Vielfalt

Was jetzt draußen blüht, ist sehr kostbar und steht deshalb zumeist auch unter Naturschutz. Da bleibt nicht viel, außer man schaut sich einmal die »Gassenjungen der Weltgeschichte« genauer an: die Kieselsteine, die überall

Hier am Flußufer findet man sie in allen Formen, Farben und Größen. Je länger sie schon daliegen, desto kleiner und runder sind sie vom permanenten Schleifen des fließenden Wassers.

Solche plattgeschliffenen Steine eignen sich gut als »Handschmeichler« in der Jackentasche.

anzutreffen sind. Sie haben ganz vielfältige Formen, Farben und Muster. Macht man sie naß, entfalten sie ihre ganze Schönheit.
Kieselsteine findet man nicht nur in Wassernähe, sondern auch überall dort, wo früher einmal Wasser war. Und das ist an ganz vielen Stellen der Fall, auch wenn dort heute ein Acker ist, ein Baugrundstück oder eine Wiese. Solche mitgebrachten Steine – von erbsen- bis eigroß – lassen sich für allerlei Basteleien verwenden, wie dieses Buch auf den Seiten 26 bis 29 zeigt.
Man kann die Steine aber auch nur anschauen, einen Stadtwall damit bauen oder sich andere Spiele ausdenken bzw. sie in ein Wasserglas stecken.
Frühlingszeit ist Steinezeit!
Und wer die Steine im Laufe des Jahres nicht mehr braucht, der bringt sie ganz einfach dorthin zurück, wo sie schon Millionen Jahre zuvor gelegen haben. Und wo dann vielleicht gerade ein anderes Kind vorübergeht, das gerade ganz dringend Steine braucht.

Mit Kieselsteinen kann jedes Kind etwas anfangen: basteln, bauen – oder einfach nur anschauen.

Wenn es in den Frühling hineingeht, fängt für den Bauern die Arbeit wieder an.

Heute spielen Pferde in der modernen Landwirtschaft kaum noch eine Rolle. Sie dienen vor allem dem Reitvergnügen.

Frühlingslied

Im Märzen der Bauer

Dieses Lied macht besonders viel Spaß, wenn es in der Gruppe gesungen wird. Dabei stellen die Kinder alle beschriebenen Tätigkeiten pantomimisch dar. In der ersten Strophe spielen sie zu zweit Roß und Bauer. Sie eggen und pflügen den Ackerboden, und das Pferd wiehert und schnaubt dabei. Das Säen und Bäumebeschneiden spielt wieder jedes Kind allein. In der zweiten Strophe steht das Rechen und Umgraben im Vordergrund. Als Knechte und Mägde fassen sich alle Kinder bei der dritten Strophe an der Hand und tanzen im Kreis. In der letzten Strophe werden Frühling und Sommer mit Winken verabschiedet.

2. Den Rechen, den Spaten, den nimmt er zur Hand
und ebnet die Äcker und Wiesen im Land.
Auch pfropft er die Bäume mit edlerem Reis
und spart weder Arbeit noch Mühe, noch Fleiß.

3. Die Knechte und Mägde und all sein Gesind',
es regt und bewegt sich wie er so geschwind;
sie singen manch munteres, fröhliches Lied
und freu'n sich von Herzen, wenn alles schön blüht.

4. Und sind dann der Frühling und Sommer vorbei,
dann füllt sich die Scheuer im Herbst wieder neu;
es füllt sich der Keller, der Stall und das Haus,
da gibt es im Winter manch fröhlichen Schmaus.

VOLKSLIED AUS MÄHREN

Kaum zu glauben, daß hier aus der Erde die Kartoffeln wachsen, die wir dann als Pommes frites mit Begeisterung essen.

Familie Stein vom Rhein

Aus unterschiedlich geformten und gefärbten Steinen werden diese Figuren gebildet.

Uralt ist die Familie Stein vom Rhein, fast so alt wie die Welt. Vater Stein singt gerade aus vollem Halse ein Wasserlied. Mutter Stein sitzt links neben ihm und hört wohlgefällig zu. Was sie auf dem Kopf trägt, ist allerneueste Steinzeitmode.

Ganz links sitzt der Hund der Familie. Die zwei Kinder Stein sind modisch ebenfalls gut rausgeputzt. Alle miteinander hocken auf einem großen Stein, wie er zum Einfassen von Steingärten gebraucht wird. Wer auch solch eine Urzeitfamilie bei sich zu Hause haben möchte, muß fleißig Steine sammeln.

Sammeln und Sortieren

Kein Spaziergang mehr ohne Frühstücksbeutel in der Hosentasche! In solch einem Beutel kann man sehr praktisch Steine heimtragen.
Das Schöne am Steinesammeln ist das Sortieren zu Hause: Was nicht gefällt, wird beim nächsten Spaziergang wieder in die Natur zurückgebracht. Farbige Steine werden Kopfbedeckungen, oder es werden ganze Familien in einer einzigen Farbe gehalten. Endlich hat man dann Kopf und Bauch und Hut und Beine beieinander. Nun wird alles zusammengefügt.

Und so wird's gemacht

1 Zunächst einmal die gewünschten Figuren zusammenstecken. Ohne Klebstoff! Das ist ganz wichtig, weil die Steine nur gut verklebt werden können, wenn sie »freiwillig« beieinander bleiben.

2 Wenn eine Figur so aussieht, wie sie aussehen soll, mit wenig Sofortkleber die Einzelteile befestigen und trocknen lassen. Auf der Blumenfensterbank fühlt sie sich besonders wohl!

3 Mit Wasserfarben oder Filzstiften bemalt, sieht die Familie Stein noch lustiger aus. Damit die Farben halten, werden sie am Ende mit Klarlack fixiert.
Viel Spaß mit der Familie Stein vom Rhein.

Natürlich muß die Familie Stein auch irgendwo wohnen. Auf einem großen Tablett, in einem Erdkasten oder im Freien wird für sie eine Landschaft gebaut. Aus Sand, Erde und Steinen werden Inseln angelegt und mit Wäldern aus Ästen und Gräsern bepflanzt. Dort können die Steinkinder Verstecken spielen. Zwischen den Inseln gibt es Brücken aus Holzresten, über die die Famile Stein vom Rhein auf eine andere Insel gelangt, um dort vielleicht die Familie Stein vom Main zu besuchen und ein wenig Steinkuchen zu essen.

Kieselsteincollagen

Ganz besonders wertvoll wird eine Kieselsteincollage mit einem kleinen Halbedelstein als Höhepunkt. Wenn sie ein Geschenk für jemanden sein soll, kann es dessen Monatsstein sein, also der Stein, der in der Astrologie dem Geburtsmonat zugeordnet ist. Er soll Glück bringen!

Alles, was man braucht, ist ein ausrangiertes Küchensieb und eine Dose für die Beute. Und natürlich einen Sandhaufen an einer Baustelle oder Kiesgrube.
Wer Kieselsteincollagen machen möchte, braucht erst einmal einen ordentlichen Kieselsteinvorrat. Unter den kleinen, etwa linsen- oder erbsengroßen Kieselsteinen gibt es vielfältige Formen und Farben: flache, runde, weiße, schwarze, braune, gelbe, graue und gesprenkelte.
Dann braucht man noch ein kleines Holzbrett oder einen steifen Karton oder ganz einfach Bierdeckel, die mit Schmirgel- oder Sandpapier überklebt werden. Erst das Muster legen und korrigieren, was nicht gefällt. Dann die Steine einzeln auf die Unterlage kleben.

Steinerne Bilder

Wer will, kann auf freie Stellen Kleber auftragen und groben Sand darüberstreuen. Etwas andrücken und nach dem Trocknen den Überschuß wegnehmen. Einen Bildaufhänger befestigen. Fertig. Wenn man außer den ganz kleinen Kieselsteinen einen oder mehrere große in die Gestaltung des Bildes einbeziehen möchte, nimmt man als Bildträger am besten eine Schicht Gips. Je nachdem, ob eine runde oder ovale Form gewünscht wird, wählt man einen Teller z. B. als Gießform. Die Gipsmasse wird nach Anweisung auf der Packung angerührt und in die Form gegossen. Nicht zuviel Gips verwenden, weil das Bild zusammen mit den Steinen am Ende vielleicht zu schwer wird. Nun werden die Steine ein wenig in die Masse gedrückt, so daß sie gut haften. Ist der Gips trocken, kann das Bild aus der Form genommen werden. Unter den oberen Rand wird nun das Loch für einen Nagel gestochen.

Neues von der Fensterbank

Sonnenblumen werden am besten in Töpfen vorgezogen und dann ab April im Garten eingepflanzt. Sonnenblumen können bis zu vier Meter hoch werden, und bei Wind knickt der Stil leicht um. Am besten an Zäunen oder Stäben befestigen.

Jetzt stehen Vitamine hoch im Kurs. Die Triebe verschiedener Nutzpflanzen enthalten besonders viel von den wertvollen Biostoffen, die für unsere Gesundheit so wichtig sind. Solche Triebe – man nennt sie Sprossen – kann man selbst säen und ernten.
Die Fensterbank ist das ideale Treibhaus für die eigene Sprossenzucht. Ein paar Topfwinzlinge werden mit guter Blumentopferde oder mit Anzuchtvlies (reine Flachsfaser) gefüllt, wie es auch für Kresse verwendet wird. Zu kaufen gibt es dieses Material im Reformhaus oder in Samenhandlungen. Dort gibt es auch die Sonnenblumenkerne, Radieschensamen oder Mungobohnen, die sich sehr gut für den Fensterbankgarten eignen. Samenkörner einfach in die Töpfchen zwei Zentimeter tief einlegen und mit Erde zudecken. Gut feucht, aber nicht zu naß halten. Licht und Wärme lassen nach kurzer Zeit erste Triebe sprießen.

Ein gesunder Zimmerschmuck

Die Ernte beginnt, wenn die Sprossen etwa zwei Zentimeter lang sind. Dann schmecken sie am besten. Nach dem Ernten gleich wieder einsäen, damit die gesunden Vitamine nicht ausgehen.
Der kleine Garten auf der Fensterbank liefert nicht nur die wertvollen Sprossen, die man als Salat oder auf dem Butterbrot essen kann; er ist auch eine wahre Augenweide. Auf dem Bild sind Sonnenblumensprossen zu sehen, die mit roten Perlen auf Zahnstochern dekoriert wurden. Die Gänse machen sich gerade über die Mungobohnen und Radieschensamen her.

Alte Meister sehen den Frühling

»Felder im Frühling« – das Gemälde von Claude Monet ist 1887 entstanden. Es ist in der Staatsgalerie Stuttgart zu sehen.

Das Bild

Das Bild »Felder im Frühling« zeigt einen warmen, lichtdurchfluteten Frühlingstag in einer baumbestandenen Ebene. Die Wiesen blühen, das Laub raschelt in den Bäumen. Eine Frau mit aufgespanntem Sonnenschirm steht im tiefen Gras, blickt aus dem Bild, als ob sie den Betrachter grüßen wollte. Ein kleines Mädchen, nur ein dunkler Schattenfleck links im Bild, pflückt einen Strauß Feldblumen. An der Landschaft ist eigentlich nichts Besonderes. Es ist ein breites Flußtal, dem alles Auffällige fehlt. Kein Felsen, kein spektakulärer Wasserfall, keine romantische Ruine. Die Bäume sind nicht knorrige Eichen, die von vergangenen Zeiten erzählen, sondern junge Pappeln, die sehr schnell in die Höhe geschossen sind. Der Maler zeigt uns also keine Landschaft, die man landläufig malerisch nennt, sondern etwas ganz anderes: die Stille, die über dem Flußtal liegt, die Blätter der Bäume und die Wiesen, wie sie im Licht flimmern. Überhaupt ist die ganze Landschaft ein von Licht und Luft erfüllter Raum, aus dem der warme Frühlingstag duftet.

Die Bezeichnung »Impressionisten« für die Gruppe von Malern, zu der neben Monet auch beispielsweise Cézanne und Renoir gehörten, war ironisch gemeint und leitet sich vom Titel eines Bildes von Monet ab, das bei einer Ausstellung belächelt wurde: »Impression, soleil levant«, was soviel heißt wie »Impression (Eindruck, Empfindung), Sonnenaufgang«.

Die Darstellung

Das Außergewöhnliche an diesem Bild ist, daß der Maler eine Darstellungsweise benützt, die auf scharf umgrenzte Einzelformen verzichtet – nicht nur beim Hinter-, sondern auch beim Vordergrund. Wenn wir aus dem Fenster blicken, sind wir es gewohnt, daß die Formen in der Ferne undeutlich werden und im Dunst verschwimmen. Monet malt aber auch den Vordergrund unscharf. Die Gräser und Blumen sind ein Gewirr aus bunten Farbtupfen. Aus dem Zusammenspiel der Farbtupfen entsteht die blühende Wiese. Der Maler will uns nicht die schöne Form der einzelnen Gräser zeigen, sondern verschafft uns einen Eindruck von den in der Sonne flimmernden Wiesen.

Impressionen

Bunte Farbtupfen, verschwimmende Umrisse und unklare Einzelheiten sind die Technik, die die Impressionisten verwenden. In Frankreich ist um 1870 eine Gruppe von Malern mit der Staffelei aus dem Atelier ins Freie gezogen, um die Landschaftsbilder direkt vor der Natur zu malen. Sie wollten die Natur so malen, wie man sie zu einer bestimmten Stunde in der jeweiligen Beleuchtung von einem bestimmten Ort aus sieht, und nicht so, wie sie in der Vorstellung aussieht. Diese Betrachtungsweise hatte es noch niemals zuvor gegeben. Kein Wunder, daß die ersten Werke der Impressionisten für viele Betrachter ein schlampiges Geschmiere waren, etwas, das die Maler einfach nicht besser hinbekommen haben. Heute erkennen wir, daß es Monet mit seinen malerischen Mitteln gelungen ist, die Schönheit eines Frühlingstages der Vergänglichkeit zu entreißen.
Wer das Bild als Druck haben will, kann es beim Kunstkreis, Talstraße 6 in 70825 Korntal, unter der Bestellnummer 10247-5 bekommen.

Charakteristisch für die Malweise der Impressionisten war ihre Darstellung von Sonnenlicht. Es stand im Zentrum, und alle Farben, die nicht darin enthalten sind, wie z. B. die Erdfarbe Braun, wurden verbannt. Übrig blieben Grün, Rot, Blau, Gelb, Orange und Violett mit allen Übergängen. So sind die freundlichen, duftigen und poetischen Stimmungen auf diesen Bildern zu erklären.

Die Kunst der Fotografie steht der Malerei in nichts nach.

Die Vorlesegeschichte

Es ist ganz gewiß

»Es ist eine schreckliche Geschichte!« sagte eine Henne, und zwar am andern Ende der Stadt, als wo die Geschichte passiert war. »Es ist eine schreckliche Geschichte im Hühnerhaus! Ich möchte über Nacht nicht allein schlafen! Es ist nur gut, daß wir hier so viele auf der Stiege sind!« Und dann erzählte sie, so daß den andern Hühnern die Federn zu Berge standen und der Hahn den Kamm sinken ließ. Es ist ganz gewiß! Aber wir wollen mit dem Anfang anfangen, und der trug sich in einem Hühnerhaus am andern Ende der Stadt zu. Die Sonne ging unter, und die Hühner flogen auf ihre Stiege; eins von ihnen, es war eine weißgefiederte und kurzbeinige Henne,

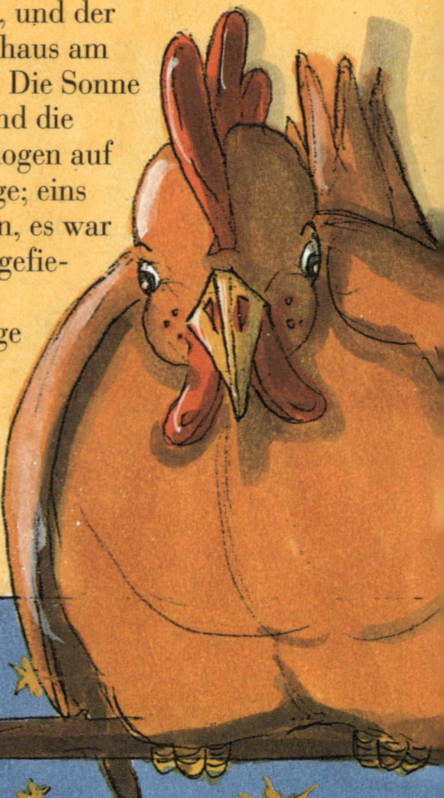

legte ihre vorschriftsmäßigen Eier und war als Henne in jeder Beziehung respektabel; als sie auf die Stiege kam, zupfte sie sich mit dem Schnabel, und dabei fiel ihr eine kleine Feder aus.

»Da geht sie hin!« sagte sie, »je mehr ich mich zupfe, um so schöner werde ich.« Und das wurde nur aus lauter Heiterkeit gesagt, denn sie war das heitere Element unter den Hühnern und im übrigen, wie bereits gesagt, äußerst respektabel; und dann schlief sie ein.

Dunkel war es ringsumher, ein Huhn fast neben dem andern, und das Huhn, das der Henne zunächst saß, schlief nicht; es hörte und hörte auch nicht, wie es ja in dieser Welt sein soll, wenn man in Ruhe leben will; aber zu ihrer andern Nachbarin mußte sie es doch sagen: »Hast du gehört, was eben gesagt wurde? Ich will niemanden nennen, aber hier ist eine Henne, die will sich rupfen, um gut auszusehen; wenn ich eine Hahn wäre, ich würde sie verachten!«

Und gerade über den Hühnern saß die Eule mit dem Eulenvater und den Eulenkindern; man hatte scharfe Ohren in der Familie, sie hörten jedes Wort, das die Nachbarhenne sagte, und sie rollten mit den Augen, und die Eulenmutter schlug mit den Flügeln und sprach: »Hört nur nicht danach hin! Aber ihr habt wohl schon gehört, was da gesagt wurde? Ich habe es mit meinen eigenen Ohren gehört, und man muß viel hören, ehe die einem abfal-

len! Da ist eine von den Hennen, die in dem Maße vergessen hat, was sich für ein Huhn geziemt, daß sie sich alle Federn ausrupft und den Hahn zusehen läßt.«

»Prenez garde aux enfants!« sagte der Eulenvater, »Das ist nichts für die Kinder!«

»Ich will'es doch der Eule da drüben erzählen! Das ist so eine achtbare Eule im Umgang!« Und damit flog die Mutter davon.

»Huhu! Huhu!« heulten die beiden, und zwar gerade in den Taubenschlag des Nachbars zu allen Tauben hinein. »Habt ihr es gehört, habt ihr es gehört! Huhu! Da ist eine Henne, die hat sich dem Hahn zu Ehren alle Federn ausgerupft! Sie erfriert, wenn sie nicht schon tot ist! Huhu!«

»Wo? Wo?« gurrten die Tauben.

»Im Hofe des Nachbars! Ich hab' es so gut wie selbst gesehen! Die Geschichte streift ans Unpassende! Aber es ist ganz gewiß!«

»Glaub, glaub jedes Wort!« sagten die Tauben und gurrten in den Hühnerhof hinunter: »Da ist eine Henne, ja einige sagen sogar, da sind zwei, die sich alle Federn ausgerupft haben, um nicht so auszusehen wie die andern und um dadurch die Aufmerksamkeit des Hahnes zu erregen. Das ist ein gewagtes Spiel, man kann sich erkälten und am Fieber sterben, und sie sind alle beide gestorben!«

»Wacht auf! Wacht auf!« krähte der Hahn und flog auf die Planken. Der Schlaf lag ihm noch in den Augen, aber er krähte trotzdem: »Da sind drei Hühner an unglücklicher Liebe zu einem Hahn gestorben; sie haben sich alle Federn ausgerupft; das ist eine häßliche Geschichte, ich will sie nicht behalten, laßt sie weitergehen!«

»Laßt sie weitergehen!« pfiffen die Fledermäuse, und die Hühner gluckten, und die Hähne krähten: »Laßt sie weitergehen! Laßt sie weitergehen!« Und dann ging die Geschichte von Hühnerhaus zu Hühnerhaus und kam schließlich wieder an die Stelle zurück, von der sie eigentlich ausgegangen war.

»Da sind fünf Hühner«, hieß es, »die sich alle Federn ausgerupft haben, um zu zeigen, welches von ihnen aus Liebeskummer um den Hahn am magersten geworden ist, und dann hackten sie sich gegenseitig blutig und fielen tot hin zum Spott und zur Schande für ihre Familie und zum großen Verlust für den Besitzer.«

Und die Henne, die die kleine lose Feder verloren hatte, kannte natürlich ihre eigene Geschichte gar nicht wieder, und da sie eine respektable Henne war, so sagte sie: »Ich verachte die Hühner! Aber es gibt mehr von der Art! So etwas soll man nicht verschweigen, und ich will mein Teil dazu beitragen, daß die Geschichte in die Zeitung kommt, dann geht sie durch das ganze Land; das haben die Hühner verdient – und ihre Familie auch!«

Und es kam in die Zeitung, und es wurde gedruckt, und es ist ganz gewiß: Eine kleine Feder kann sehr wohl zu fünf Hühnern werden.

Hans Christian Andersen

Was wächst denn da?

Planzen mit Wasserwurzeln

Blumentöpfe aus Ton haben im Gegensatz zu Plastiktöpfen den Vorteil, daß sie porös sind, so daß überflüssige Feuchtigkeit durch die Wände dringen kann und die Wurzeln nicht faulen. Vor dem Einsetzen der Pflanze sollte der Topf über Nacht ins Wasser gestellt werden, sonst trocknet die neue Erde zu schnell aus.

Wer einen Garten hat, kann jetzt aus einem Frühlingsblüher zwei oder mehrere Pflanzen ziehen. Gemswurz, Mohn, Blaukissen, Glockenblumen oder Rittersporn wachsen besser, wenn man Teile ihrer Wurzelballen abtrennt und neu einpflanzt. Und die Pflanzenfülle wird nach jeder Teilung dichter.
Wer keinen Garten hat, kann jetzt ebenfalls Pflanzen teilen und viele neue Stecklinge setzen. Dazu eignen sich alle Pflanzen, die im Wasser Wurzeln bilden können.

Geschenke für Pflanzenfreunde

Von der Grünlilie, die auf dem Bild zu sehen ist, werden die Luftwurzeln von den langen Ausläufern abgeschnitten und in ein Wasserglas gesetzt. Dort wachsen sich die winzigen Würzelchen ganz rasch zu kräftigen Wurzeln aus. In einem kleinen Blumentopf mit frischer Erde wachsen sie dann kräftig weiter. Sie sind ideale Geschenke für Leute, die pflegeleichte Pflanzen allen anderen vorziehen. Auch das Fleißige Lieschen, der Efeu, die Buntnessel oder die Topfmargerite eignen sich für die Wasserwurzelbildung. Man schneidet die Endtriebe ab und befreit sie von den unteren Blättern. Sie wurzeln sehr rasch im Wasserglas und sind dann bereit, in kleinen Blumentöpfen mit frischer Erde weiter zu wachsen.
Angießen beim Umtopfen nicht vergessen. Viel Licht und ein bißchen Wärme brauchen alle Kandidaten. Viel Spaß bei der Pflanzenzucht!

Neumond
Zunehmender Mond
Vollmond

Was macht eigentlich der Mond den ganzen Monat?

Der Mond ist ziemlich beschäftigt, denn er umkreist in etwa 27 Tagen einmal die Erde. Meist ist nur ein Teil von ihm sichtbar, oder er ist sogar ganz verschwunden, was an der Sonne liegt, die nicht nur die Erde, sondern auch den Mond mit ihren Lichtstrahlen erhellt. Auf seiner Wanderung um die Erde wird er mal mit mehr, mal mit weniger Licht beleuchtet, und diese verschiedenen Phasen werden Mondphasen genannt.

Die Mondphasen

In der ersten Mondphase ist der Mond genau zwischen Erde und Sonne und wird also nur von hinten angeleuchtet. Deshalb kann man ihn nicht von der Erde sehen. Bewegt er sich weiter, wird immer mehr von seiner rechten Seite in Form einer nach links gerichteten Sichel sichtbar. Das ist die Phase des zunehmenden Mondes. Ist der Mond genau hinter der Erde, wird er ganz von der Sonne angestrahlt, und wir haben Vollmond. Nun dreht er sich weiter. Das ist die Phase des abnehmenden Monds. Jetzt wird die rechte Seite des Monds von der Sonne beleuchtet, und man sieht eine nach rechts gerichtete Sichel, die immer schmaler wird, bis der Mond für unsere Augen verschwunden ist, weil er wieder genau zwischen Erde und Sonne steht.

Tiere im Frühling

Katzen

Wer sich eine Katze anschafft, sollte dies gründlich planen. Wieviel Zeit kann man der Katze widmen? Wer aus der Familie versorgt sie? Soll sie ins Freie gelassen werden, und wie reagieren die Nachbarn? Wie alt sind die Kinder? Sind sie beispielsweise noch sehr klein, spricht einiges für eine Katze aus dem Tierheim, denn eine junge, aber schon erwachsene Katze, die an Menschen gewöhnt ist, reagiert auf ungestüme Kinderhände nicht mit Kratzen und Beißen.

Katzen gehören hierzulande zu den beliebtesten Haustieren und werden immer beliebter. Es gibt Hinweise, daß Katzen schon vor etwa 5000 Jahren bei den Ägyptern hohes Ansehen genossen und sogar verehrt wurden.
Im Frühling kommen unzählige Katzenkinder auf die Welt. Ihre Mutter trägt sie etwa zwei Monate im Bauch, bevor sie winzig klein, nackt und mit geschlossenen Augen geboren werden. Katzenmütter sind gute Mütter. Die Katzenväter hingegen nehmen von ihrer Familie gar keine Notiz. Die ersten beiden Wochen leben die Katzenbabys versteckt in einer dunklen Ecke, die von der Mutter gut bewacht wird. Danach haben die Kleinen Ausgang mit Spielstunde.

Von Katzen und Menschen

Die Mutter bringt einer Katze alles bei, was sie wissen muß, um einmal eine tüchtige Mäusejägerin zu werden. Mit etwa drei Monaten sind die Katzenkinder so weit, daß man sie von ihrer Mutter trennen und in einer Menschenfamilie weiter aufziehen kann. Katzen, die gut gepflegt und regelmäßig geimpft werden, können bis zu 18 Jahre alt werden. Der größte Katzenfeind ist das Auto, deshalb werden viele Katzen und Kater ausschließlich im Haus gehalten. Wer keinen Katzennachwuchs haben möchte, läßt seine Lieblinge vom Tierarzt sterilisieren. Wie notwendig das ist, läßt sich am besten im örtlichen Tierheim erfahren: Hier sitzen all die ungewollten Katzen und Kater in Käfigen und warten sehnsüchtig auf einen liebevollen Menschen, der ihnen ein neues Zuhause gibt.

Blumen im Frühling

Märzenbecher

Märzenbecher und Schneeglöckchen werden oft miteinander verwechselt, doch sie sind eigentlich gut voneinander zu unterscheiden. Schneeglöckchen haben sechs ungleich große, weiße Blütenblätter, von denen nur die drei inneren grüne Tupfen am Rande tragen. Schaut man von oben, nimmt man die Tupfen kaum wahr. Bei den etwas größeren und fast rundlichen Märzenbechern fallen die grünen Tupfen an den Blütenrändern sofort ins Auge. Die Tupfen verströmen einen verlockenden Duft, der Insekten anzieht. Sie müssen in die herabhängende Blütenglocke hineinklettern, um an den begehrten Nektar zu kommen. Dabei werden sie von Pollen aus den winzigen Staubbeuteln des Märzenbechers nachgerade überschüttet.

Frühlingsläuten über dem Schnee

Märzenbecher sind echte Frühlingsblüher, die es oft so eilig haben, daß sie sich sogar durch die Schneedecke wagen. Nach dem Blühen vertrocknet ihr Laub und kann abgeschnitten werden. Die Zwiebeln bleiben in der Erde. Wer gerne Märzenbecher ziehen möchte, läßt sich am besten im Herbst Blumenzwiebeln schenken und steckt sie zehn Zentimeter tief in die Erde. Wer viele Märzenbecher hat, schenkt deshalb gerne ein paar Zwiebeln her, um das eigene Beet in Grenzen zu halten. Märzenbecherzwiebeln überstehen den Winter sehr gut, wenn sie nur tief genug in der Erde stecken. Im Samenhandel kann man ebenfalls Schneeglöckchen- und Märzenbecherzwiebeln erhalten. Nicht vergessen: Bis spätestens September müssen die Zwiebeln in der Erde sein, wenn ihre weißen Glöckchen im nächsten Jahr den Frühling einläuten sollen!

Wer Schneeglöckchen verschenkt, kann damit sagen: »Freue dich der Gegenwart und Zukunft. und gönne der Erinnerung an eine trübe Vergangenheit keinen Platz in deinem Herzen.«

Gemüse im Frühling

Radieschen

Im Gegensatz zu seinem großen Bruder, dem Rettich, der schon unendlich lange angepflanzt wird, ist das Radieschen in Europa erst seit dem Mittelalter bekannt. Radieschen gleich nach der Ernte essen, da sind sie noch richtig knackfrisch. Bleiben sie einige Stunden liegen, werden sie welk. Radieschen enthalten Mineralstoffe wie Eisen, Kalk und Phosphor, auch Senföl (daher kommt die Schärfe) und Vitamine.

Die dicken, leuchtendroten, kugelrunden Wurzeln der Radieschenpflanze sehen zwar wie Früchte aus, werden aber dem Gemüse zugerechnet, wo sie auch ihren Platz im Handel haben.

Radieschen sind echte Renner: Sie wachsen schnell, und jeder mag sie. Kein anderes Gemüse wächst so schnell wie das Radieschen. Vom Säen bis zum Ernten vergehen nicht mal acht Wochen. Die dicken, dunklen Radieschensamen werden einzeln – etwa einen Zentimeter tief – in die Erde gelegt. Der Abstand bis zum nächsten Samenkorn muß mindestens fünf Zentimeter betragen, damit die wachsenden Knollen unter der Erde nicht zusammenstoßen. Zwischen März und Mai ist die ideale Aussaatzeit. Und dann wieder August bis in den warmen Herbst hinein. Weniger bekannt als die runden Sorten sind die länglichen, blaßroten oder ganz weißen »Eiszapfen«. Wer Radieschen roh ißt, bekommt nicht nur viele Vitamine, sondern auch einen guten Appetit. Das wußten schon die Chinesen vor vielen tausend Jahren und züchteten besonders große Radieschen, die sie sogar als Medizin bei Stoffwechselerkrankungen einsetzten. Kressesamen, rund um die Radieschenpflanzen gesät, machen die roten Knollen besonders zart und würzig. Beides zusammen ergibt eine gesunde Brotauflage oder einen guten Salat für den Frühlingsspeiseplan.

Wer keinen Garten hat, kann auf dem Balkon ausprobieren, wie schnell Radieschen in die vollen gehen. Sie brauchen ausreichend Wasser und Licht. Frost mögen Sie überhaupt nicht. Wer im März sät, muß nachts die kleinen Sämlinge mit einer Glasplatte abdecken. Dann steht der baldigen Ernte nichts mehr im Wege.

Mein kleiner Frühlingsgarten

Wer seinen kleinen Frühlingsgarten auf der Fensterbank stehen hat, darf häufiges Gießen nicht vergessen, weil die Heizungsluft viel Feuchtigkeit verdunsten läßt. Geranien und Kübelpflanzen, die im Keller überwintert haben, müssen jetzt auf ein Drittel ihrer Länge zurückgeschnitten werden.

Ein rechteckiger Blumenbehälter aus Ton hält viele Jahre lang. 20 Zentimeter Tiefe brauchen die meisten Pflanzen, wenn sie sich gesund entwickeln sollen. Erde gibt es im Samengeschäft, oft sogar preiswert im Supermarkt. Was steht einem eigenen, kleinen Frühlingsgarten auf der Fensterbank also noch im Weg?
Bereits im Februar werden die ersten Primeln, Stiefmütterchen und Krokusse angeboten, gefolgt von Hyazinthen und Märzenbechern. Sie eignen sich gut für den kleinen Frühlingsgarten, müssen aber nachts hereingeholt werden, weil der Nachtfrost ihnen schadet. Die letzten versprengten Schneeflocken machen ihnen nichts aus.

Blumen in vielen Farben

Zwischen März und April kommen rote, weiße und tiefblaue Petunien auf den Markt. Sie eignen sich sehr gut für Blumentöpfe oder Balkonkästen. Der immergrüne Asparagus fängt klein an, kann aber ziemlich groß werden. Dann braucht er einen Topf für sich allein. Das Ageratum mit seinen kleinen lila Kissen liebt Fensterbänke und Balkone. Die gelbe Strohblume auf dem Bild blüht auch noch im Sommer. Alle anderen sind Frühlingsblüher, die nach dem Abblühen am besten in den Garten ausquartiert werden. Einjährige Pflanzen beenden nach dem Blühen ihr Leben. Im nächsten Jahr muß man sie neu säen.
Gänseblümchen und Petersilie runden den kleinen Frühlingsgarten ab. Manchmal kommt die Sonne hervor und schaut auf den kleinen Garten. Dann strahlen die Blütenköpfe übers ganze gelbe, rote, weiße oder blaue Gesicht.

Geheimnisvoll steht er am Himmel als Wächter unseres Schlafes.

Der Mond ist die Grundlage unseres heutigen Kalenders. Nach seinem Stand richten sich die Menschen seit Tausenden von Jahren.

Der Mond ist aufgegangen

2. Wie ist die Welt so stille
und in der Dämmrung Hülle
so traulich und so hold
als eine stille Kammer,
wo ihr des Tages Jammer
verschlafen und vergessen sollt.

3. Seht ihr den Mond dort stehen?
Er ist nur halb zu sehen
und ist doch rund und schön.
So sind wohl manche Sachen,
die wir getrost belachen,
weil unsere Augen sie nicht sehn.

4. Wir stolzen Menschenkinder
sind eitel arme Sünder
und wissen gar nicht viel.
Wir spinnen viele Künste
und kommen weiter von dem Ziel.

5. Gott, laß dein Heil uns schauen,
auf nichts Vergänglich's trauen,
nicht Eitelkeit uns freun;
laß uns einfältig werden
und vor dir hier auf Erden
wie Kinder fromm und fröhlich sein.

6. Wollst endlich sonder Grämen
aus dieser Welt uns nehmen
durch einen sanften Tod;
und wenn du uns genommen,
laß uns in'n Himmel kommen,
du unser Herr und unser Gott.

7. So legt euch denn, ihr Brüder,
in Gottes Namen nieder.
Kalt ist der Abendhauch.
Verschon uns, Gott, mit Strafen,
und laß uns ruhig schlafen
und unsern kranken Nachbarn auch.

MATTHIAS CLAUDIUS

In diesem Lied sind die Reime besonders einprägsam. Am besten die Reimwörter »aufgegangen, prangen, schweiget, steiget« usw. vom Kind mitsingen lassen und sie am Ende selbst ganz weglassen, so daß das Kind sie ergänzen kann.

Bastelspaß für Frühlingsabende

Die singende Hühnerfamilie

In früheren Zeiten galt der Hahn als Bote des Lichts, der die Nacht vertreibt, weil er schon kurz nach Mitternacht seinen Weckruf ertönen läßt. Die Hähne auf den Kirchtürmen sollten den Teufel verscheuchen. Eine ganz große Karriere machte der Hahn jedoch in Frankreich, indem er seit der Französischen Revolution das Wahrzeichen dieses Landes ist.

Der Frühling ist da und Ostern nicht mehr weit. Überall in den Schaufenstern und Regalen der Geschäfte sind Hasen zu besichtigen. Aber wer redet eigentlich von den Hühnern, ohne die kein Hase zu Ostern auskommt?
Auf dem Bild ist eine Hühnerfamilie – Vater Hahn, Mutter Huhn und drei Kükenkinder – zu sehen. Wer auch solch eine fröhliche Hühnerfamilie haben möchte, braucht folgende Materialien:

- Weiße, braune und rote Wollreste, bunte Wollfäden
- Eine achteckige Pralinenschachtel
- 8 Schaschlikstäbchen
- 2 Papprollen von Toilettenpapier
- Klebstoff und etwas buntes Papier zum Verschönern des Käfigs

Und so wird's gemacht

Zunächst werden runde Wollknäuel für die Körper fest gewickelt und das Fadenende durch das jeweilige Knäuel gezogen. Die Küken und die Köpfe von Huhn und Hahn sind kleine, fest gewickelte Wollknäuel. Sie bekommen aus roter Wolle Kämme und Schnäbel und aus schwarzer Wolle Augen aufgestickt.
Mit wenigen Stichen dem Huhn und dem Hahn die Köpfe am Körper befestigen.
Das Huhn bekommt einen kurzen Schwanz aus gleichfarbiger Wolle. Dem Hahn werden am Poende viele lange,

kunterbunte Wollfäden locker durchgezogen. Fertig.
Die achteckige Pralinenschachtel in jeder Ecke mit winzigem Loch versehen und Schaschlikstäbchen durchziehen.
Der Deckel ist der Boden, auf dem die Familie sitzt. Der Pralinenschachtelboden wird zum Dach, dazwischen ist das Gitter aus Schaschlikstäbchen, damit die Hühner nicht weglaufen.
Zwei Rollen als Räder unter dem Käfig befestigen. Jetzt kann die Frühlingsfahrt beginnen!

Wenn Hühner auf Reisen gehen, können sie allerhand erleben. Die Fahrt geht über Berg und Tal und sie treffen andere Tiere, die auch zu Ostern unterwegs sind, wie Hasen und kleine Schafe.

Eine Sonntagsfahrt ins Blaue kann sehr lustig sein.

Da müssen ja die Hühnerherzen förmlich dahinschmelzen – bei diesem Prachtexemplar von Hahn.

Mit solchen Scherzgedichten kann man jedem Kinderfest eine besonders lustige Note geben.

Das Liebesbrief-Ei

Ein Huhn verspürte große Lust
unter den Federn in der Brust,
aus Liebe dem Freund, einem Hahn,
zu schreiben,
er solle nicht länger in Düsseldorf bleiben.
Er solle doch lieber hier – zu ihr eilen
und mit ihr die einsame Stange teilen,
auf der sie schlief.
Das stand in dem Brief.

JANOSCH

Die weißen Riesenhasen

Wenn die weißen Riesenhasen
abends übern Rasen rasen
und die goldnen Flügelkröten
still in ihren Beeten beten,
wenn die schwarzen Buddelraben
tief in ihrem Graben graben
und die feisten Felsenquallen
kichernd in die Fallen fallen –
dann schreibt man wie jedes Jahr
den hundertzwölften Januar.
Was? Ihr kennt ihn nicht, den Tag?
Schaut mal im Kalender nach!

ROBERT GERNHARDT

Diese putzigen Tierchen sind sehr gesellig, und besonders Zwerghasen eignen sich gut als Haustiere.

Es soll heute noch Leute geben, die fest daran glauben, daß die Ostereier vom Hasen gelegt werden.

Socken-drachen und andere Ungetüme

Um einen Sockendrachen herzustellen, braucht man Socken. Um Fingerdrachen herzustellen, braucht man einen oder mehrere Handschuhe.
Ist die Socke groß genug – etwa eine Herren-Tennissocke –, stupst man die Sockenspitze einfach nach innen, und schon hat der Drache einen Drachenrachen.
Steckt man jetzt die Hand in den Socken – drei Mittelfinger in der oberen, kleiner Finger und Daumen in der unteren Maulhälfte –, lässt das Maul sich öffnen

Wer weiß, vielleicht haben die Drachen hier ja alle Namen und eine Geschichte. Ist womöglich ein Berg- oder ein Meerdrache dabei? Wer mag dessen Geschichte erzählen?

und schließen. Die Ferse des Sockens umspannt den Handrücken. Der Sockenschaft wird über den Arm gezogen. Dies ist das Grundrezept für die Sockendrachen.

Die Verzierung

Die Verzierung ist eine Frage der Phantasie: Mal wirkt Sie gefährlich, mal niedlich. Es kommt ganz auf die Rolle an, die der einzelnen Socke zugedacht wird.

- Augen: Knöpfe oder Filzrestchen verwenden. Pupillen nicht vergessen. Wimpern wirken witzig.
- Zunge: gespaltene Zunge aus rotem Filz, die wirkt gefährlich. Eine runde Zunge aus orangem Filz wirkt dagegen eher harmlos.
- Nasenlöcher müssen sein, sonst bekommt das gute Tier keine Luft.
- Strickhaare: Wolle durch den Strumpf ziehen oder ein Halstuch um das Handgelenk binden.
- Wer mag, gibt dem Tier Ohren, Hasenohren oder Hängeohren. Zähne kann man aus Papier zurechtschneiden und am Oberkiefer festkleben. Am besten stellt man sehr unterschiedliche Sockengeschöpfe her. Alle miteinander ergeben eine ziemlich lustige Gesellschaft, die sich für allerlei Späße eignet.

Fingerdrachen

Hierzu braucht man einen Fingerhandschuh, der für die Hand eindeutig zu groß ist. In alle fünf Finger oben eine dicke Perle oder eine festgeknotete Wattekugel stecken und abbinden. Die fünf Köpfe so ähnlich verzieren wie die Sockendrachen, mal Struwwelfrisur, mal dicke Ohren, und als Augen Perlen nehmen. Jedem Finger einen anderen Stoffrest als Halstuch anziehen. Auf diese Weise kann man z. B. eine ganze Drachenfamilie mit einer Hand darstellen.

Drachenchor

Jedes Kind bekommt einen Fingerdrachen-Handschuh rechts und einen Sockendrachen links über die Hand gezogen.
Jetzt wird erst einmal geübt, weil es gar nicht so einfach ist, seine Hände und vor allem die Finger unterschiedlich, d. h. in verschiedenen Grundrichtungen zu bewegen. Der Drache öffnet und schließt sein Maul beim Singen. Die Finger bewegen sich wie kleine Rhythmussänger zur Melodie hin und her.
Wenn die Generalprobe klappt, überlegen sich alle Kinder ein Lied, das der Chor singen möchte. Es wird immer eine Strophe gesungen und danach noch einmal gesummt. Zum Summen bewegen sich die Fingerdrachen, beim Singen öffnen und schließen die Sockendrachen ihr Maul, so daß man meinen könnte, die Töne kämen aus den Drachenrachen.

Bühne frei für den Drachenchor

Nun kann die Show beginnen. Alle Kinder stellen sich nebeneinander und legen die Hände auf einen Besenstiel, der über zwei Stuhllehnen gelegt wird. Eine Tischdecke über den Besen legen, damit niemand die Beine der Darsteller sieht. Sind alle Drachen aufgereiht, wird eine zweite Tischdecke über die Kinderköpfe gelegt.
Die Zuschauer sehen jetzt nur den Drachenchor und hören die Kinder singen. Wenn es im Zimmer dunkel ist und nur der Drachenchor von einer Stehlampe angestrahlt wird, werden die Zuschauer tief beeindruckt schauen und lauschen. Wer hat schon so oft die Chance, einen leibhaftigen Drachenchor singen zu hören? Natürlich kann das Drachenensemble auch ein lustiges Stück aufführen, das von den Kindern selbst verfaßt wurde. Der Phantasie sind keine Grenzen gesetzt.

Bei vielen Völkern gelten Drachen als Mischwesen, die den Menschen feindlich gesonnen sind. Nur in China werden Drachen als Sendboten u. a. des Himmels- und Regengottes gesehen, also durchaus freundlich. Zu ganz besonderer Berühmtheit brachte es der Glücksdrache »Fuchur« aus der »Unendlichen Geschichte« von Michael Ende.

Was denkt die Maus am Donnerstag?

Was denkt die Maus am Donnerstag,
am Donnerstag, am Donnerstag?

Dasselbe wie an jedem Tag,
an jedem Tag, an jedem Tag.

Was denkt die Maus an jedem Tag,
am Dienstag, Mittwoch, Donnerstag
und jeden Tag und jeden Tag?

O hätte ich ein Wurstebrot
mit ganz viel Wurst
und wenig Brot!
O fände ich, zu meinem Glück,
ein riesengroßes Schinkenstück!
Das gäbe Saft, das gäbe Kraft!
Da wär' ich bald nicht mehr mäuschenklein,
da würd' ich bald groß wie ein Ochse sein.
Doch wäre ich erst so groß wie ein Stier,
dann würde ein tapferer Held aus mir,
Das wäre herrlich,
das wäre recht –
und der Katze,
der Katze
ginge es schlecht!

JOSEF GUGGENMOOS

Haferschluck, der fromme Löwe

Der Kinderfreund, Herr Habakuk,
hat einen Löwen, Haferschluck,
der ißt so gerne Brei.
Beim Kochen steht er stets dabei
und fragt: »Ist Zucker drin und Ei
und Milch und Butterflocken?«

Er hat ganz gelbe Locken
und Augen, hell wie Honigbrot,
und eine Zunge, himbeerrot.
Er mag auch weiße Wecken
und schnippt sich flink und pfötchenzart
die Brösel aus dem Schnupperbart.

Nach jedem Tellerlecken
nimmt er den Schwanz als Federwisch
und fegt den Boden und den Tisch,
sagt Habakuk auch artig Dank
und trottet nach der Ofenbank,
ein Stündlein brav zu schlafen.

Am Nachmittag geht er dann froh
wie du spazieren – irgendwo,
und seinen Onkel trafen
wir unlängst erst im Zoo.

CHRISTINE BUSTA

Bastelspaß mit Frühlingsfarben

Traumhaus mit Riesenkirschbaum

Das Wort »Mosaik« stammt ursprünglich aus dem Griechischen und bedeutet soviel wie künstlerische Tätigkeit. Im Grunde ist es eine Flächendekoration, vor allem auf Fußböden und an Wänden. Die Wirkung ist der Malerei ähnlich und wird durch das Zusammenfügen verschiedenfarbiger, kleiner Teile, meist aus Stein, Glas oder Ton, erzielt. Mosaike gab es schon einige tausend Jahre vor unserer Zeitrechnung im Orient.

Mosaike kann man aus verschiedenen Materialien anfertigen. Oft verwendet man farbiges Glas oder Keramikelemente. Dieses Papiermosaikbild ist ganz ohne Buntpapier gemacht. Es wurden einfach einige bunte Reklameseiten aus Illustrierten herausgerissen und die Ausschnitte nach Farben sortiert.
Die Farben sind viel abwechslungsreicher als Buntpapierfarben, weil sie von fotografierten Gegenständen stammen. Nimmt man z. B. ein rotes oder grünes Auto, so weist die Farbe viele Schattierungen auf. Genau so ist es mit einer Wiese, einem Teppich oder einem Reklamefoto vom Strand oder Meer.

Und so wird's gemacht

Hat man genügend Farben beisammen, werden von Hand kleine Quadrate herausgetrennt, etwa einen Quadratzentimeter groß, für das Bild zurechtgelegt und zu einem Bild zusammengefügt. Nur die runden Teile werden ausgeschnitten. Wenn man alle Teile zusammenhat, werden sie auf ein entsprechend großes Blatt Papier oder Pappe aufgeklebt.
Wer will, skizziert seinen Entwurf vorher mit Bleistift auf Papier und setzt darauf die einzelnen Mosaikquadrate. Papierkleber sparsam verwenden. Die weißen, gerissenen Ränder der kleinen Mosaikquadrate geben dem Bild eine ganz besondere Note.

Bastelspaß

Papageienburg

Wenn es auf Ostern zugeht, tauchen in den Geschäften Hasen, Hühner, Enten, Gänse u. a. Tiere auf, die irgendwie mit Ostern zu tun haben. Und alle auf Stäben.
Für die Papageienburg werden jedoch ausschließlich Papageien ausgewählt, es könnten aber auch Singvögel oder Hasen sein. Hauptsache, die Tiere stecken auf Stäben, was in aller Regel der Fall ist, weil man sie in Blumentöpfe oder Vasen stecken soll.
Jetzt braucht man noch einen leeren Bilderrahmen oder eine stabile Zigarrenkiste ohne Boden, und schon geht's los.

Und so wird's gemacht

MATERIALIEN

Tiere auf Stäben

Bilderrahmen oder Zigarrenkiste ohne Boden

Klebstoff

Trockene Zweige und Äste, Reste von Trockengebinden, Holzrinden, Tannenzapfen

1 Die Unterkante des Bilderrahmens mit Klebstoff bestreichen und mit Gestrüpp bekleben. Gestrüpp ist alles, was im Frühling nicht wieder austreibt: braune Ästchen, vertrocknete Zweige oder Gräser, Reste von Haustürkränzen oder Trockengebinden.
2 Holzrinden und Tannenzapfen, die im Frühling überall herumliegen, bilden das stabile Gerüst, auf dem die Papageien später Platz nehmen – oder die Singvögel oder Hasen.
3 Ganz zum Schluß werden die Stäbe mit den Papageien ins Gestrüpp gesteckt und, falls notwendig, ein wenig festgeklebt.
Viel Spaß mit der Papageienburg. Sie sieht am Fenster ebensogut aus wie an der weißen Wand. Wer die hübsche Bastelei zu Ostern verschenken will, sollte rechtzeitig damit beginnen.

Mit etwas Geschick kann man aus Knete, Ton oder Salzteig die Vögel selbst basteln und anmalen.

Für den Salzteig werden zwei Tassen Mehl, eine Tasse Salz, eine knappe Tasse Wasser und ein Eßlöffel Öl zu einem Teig verarbeitet. Über Nacht ziehen lassen, nochmal durchkneten, die Figur formen und bei 175 °C etwa eine Stunde lang trocknen.

Rätselecke / Scherzfragen

Es ist kein Hund.
Hat keinen Zahn im Mund.
Hat aber sieben Häute
und beißt alle Leute.

Die Zwiebel

Er hat Arme,
aber keinen Kopf.
Er hat ein Bett,
schläft aber nicht darin.
Er hat keine Füße,
aber einen schnellen Lauf.
Er läuft stets runter
und niemals rauf.

Der Fluß

Er geht mit dir,
er steht mit dir an jedem Ort.
Mal ist er kurz,
mal ist er lang.
Im Dunkeln ist er fort,
da ist ihm bang.
Wer mag das sein?

Der Schatten

Welches Tier
schluckt Geld?

Sparschwein

Wer fürchtet sich
vor der Sonne?

Schneemann

Welcher Vogel
hat keine Haare?

Spaßvogel

Es brennt am Tag,
und es brennt in der Nacht
aber es verbrennt weder
am Tag noch in der Nacht.
Was ist es?

Die Brennessel

Welcher ist der
kürzeste Monat?

*Der Mai, er
hat nur drei
Buchstaben.*

Der arme Tropf
hat keinen Kopf.
nur einen großen Hut.
Der arme Tropf
hat keinen Schuh,
nur einen langen Fuß.
Und seinen Hut,
den zieht er nie,
nicht einmal zum
Gruß.

Der Pilz

Wie mäht man
eigentlich Heu?

Gar nicht, das Gras wird gemäht und zu Heu getrocknet.

Was ist
schlimmer als ein
bissiger Hund?

Zwei bissige Hunde

Welchen Garten müßt
ihr nicht gießen?

Kindergarten

Wie kommt die Hand auf den Mond?

Man schreibt das Wort »Hand« auf einen Zettel und läßt zwei Zeilen frei. In die vierte Zeile wird »Mond« geschrieben. Nun darf erst in der zweiten, dann in der dritten Reihe je ein Buchstabe vom ersten Wort geändert werden, bis zum Schluß das Wort »Mond« daraus geworden ist. Wie heißen die Wörter in der zweiten und dritten Zeile?

Hand – Hund – Mund – Mond

Was brennt
länger, eine
rote oder eine
weiße Kerze?

Beide werden beim Brennen gleichermaßen kürzer.

Was ist heller als
eine Kerze?

Zwei Kerzen

Und heller als
zwei Kerzen?

Drei Kerzen

Was ist schwerer,
ein Pfund Eisen
oder ein Pfund
Bettfedern?

Ein Pfund ist ein Pfund.

Erst weiß wie Schnee.
Dann grün wie Klee.
Dann rot wie Blut.
Schmeckt allen Kindern gut.

Die Kirsche

Wer hat schon
als Baby graue
Haare?

Esel

Man wirft es weiß
vom Tisch und
putzt es gelb vom
Boden wieder weg.

Das rohe Ei

In der Luft fliegt er.
Auf der Erde liegt er.
Auf Bäumen sitzt er.
In der Hand schwitzt er.

Der Schnee

Wer hat es bequemer, der
Kaffee oder der Tee?

Der Kaffee, er muß sich nämlich nur setzen, während der Tee ziehen muß.

Auf welchem Ball
kann man nicht
tanzen?

Fußball

Welche Schlange
kann sich auflösen?

Autoschlange

Im Lenz erfreut er mich.
Im Sommer kühlt er dich.
Im Herbst ernährt er
die Kinder.
Und was macht er im
Winter?
Da heizt er die Stuben
für Mädchen und Buben.

Der Baum

Welches Haus ist
fensterlos?

Schneckenhaus

Wieso summen
die Honigbienen?

*Weil sie den
Text vergessen
haben.*

Gras schreibt man
mit vier Buch-
staben. Was muß
man tun, um es
mit nur drei Buch-
staben schreiben zu
können?

*Man trocknet es
und macht daraus
Heu ...*

Welche
Birnen sind
nicht süß?

Glühbirnen

Sie sehen aus wie Wesen
aus einer anderen Welt.
Elfengleich und schwerelos tanzen
sie über eine blühende
Frühlingswiese und lassen sich
unbeschwert vom Wind schaukeln.

Dieser Schmetterling wartet nur darauf, vom Strauch gepflückt und ans Fenster gehängt zu werden. Wer will, kann den Schmetterling auch im Garten an einen Baum hängen.

Fensterbilder

Des Frühlings erster Schmetterling

Noch im Winter, wenn der Schnee Wiesen und Wälder bedeckt, träumt groß und klein von den Farben und Düften des Frühlings. Von blumenübersäten Wiesen, über denen sich bunte Schmetterlinge im Wind wiegen. Warum nur träumen? Wenn der Frühling noch sehr zurückhaltend ist, kann man ihn sich mit bunten Fensterbildern in die Wohnung holen. Mit Peddigrohr, auch Calamus oder spanisches Rohr genannt, oder einfachem schwarzem Karton lassen sich viele Formen gestalten.

MATERIAL

1 Ring Peddigrohr (3 mm)

Schwarzer Karton

Papierleim

Farbiges Transparentpapier

Holzleim

WERKZEUGE

Holzbrett (40 x 40 cm)

Alufolie

Stecknadeln

Hammer

Schere

Zange

Nadel und Faden

Bleistift

Und so wird's gemacht

1 Peddigrohr in warmes Wasser legen und etwa eine Viertelstunde einweichen.
2 Die Alufolie auf dem ebenen Holzbrett auslegen und festmachen. Darauf wird später der Peddigrohrrahmen gelegt.
3 Peddigrohr aus dem Wasser nehmen und auf die mit Alufolie bezogene Holzplatte legen. Dabei bilden sich schöne, runde, harmonische Formen. Sie werden mit Stecknadeln auf der Unterlage fixiert. Man kann die Stecknadeln ruhig durch das Peddigrohr hindurchstechen.
4 Es ist wichtig, daß die gefundenen Formen miteinander verbunden sind, sonst ist das Gebilde später nach dem Abnehmen von der Unterlage nicht stabil. Man kann längere und kürzere Peddigrohrstücke zusammensetzen, Stege legen usw. Wichtig ist nur, daß alles miteinander in Kontakt steht.

5 Für den hier abgebildeten Schmetterling braucht man etwas Übung. Man kann jedoch auch viel einfachere Formen legen, z. B. Fische, Ostereier, Vögel, Hasen usw.
6 Wenn man mit dem Bild zufrieden ist, werden die Peddigrohrformen mit ein paar Tropfen Klebstoff zusammengeklebt.
7 Sobald der Klebstoff völlig trocken ist, können die Stecknadeln vorsichtig mit der Zange herausgezogen werden. Nun wird der Rahmen von der Unterlage abgehoben.
8 Zum Schluß werden die einzelnen Formen mit verschiedenfarbigem Transparentpapier hinterklebt.

Fensterbilder aus schwarzem Karton

Mit schwarzem Karton sind die Fensterbilder schnell gemacht und ein schönes Mitbringsel.
1 Für den Rahmen wird ein kleiner Teller auf schwarzen Karton gelegt und der Umriß nachgezeichnet. Den Kreis ausschneiden. Um einen Ring zu erhalten, muß ein kleinerer Kreis aufgemalt und dann ausgeschnitten werden. So entsteht ein einfacher Ring.
2 Wer eine Schmetterlingsform oder Wellen möchte, muß den ursprünglichen Kreis einmal genau in der Mitte zusammenfalten. Dann wird das Muster hineingeschnitten, das sich beim Auseinanderklappen auf beiden Kartonhälften wiederholt.
3 Wird der Kreis einmal waagrecht und danach senkrecht gefaltet, entsteht ein Viertelkreis. Das Muster, das hier hineingeschnitten wird, ist auf allen vier Seiten gleich, beispielsweise Blumen.
4 Wenn der Rahmen fertig ist, wird das Transparentpapier in wellenförmige Streifen geschnitten und so festgeklebt, daß sie sich etwas überschneiden, damit sicher kein Licht mehr durchscheint.
5 Aufgehängt werden die Bilder mit durchsichtigen Fäden.

Leider sind sie recht selten geworden, die leuchtend gelben Zitronenfalter und die zarten Kohlweißlinge. Aber sie finden auf den chemisch behandelten Feldern und abgemähten Wiesen keine Nahrung mehr.

Die Jahreszeit erleben

Ostern

Das schönste Fest im Frühling ist Ostern. In der Osterzeit gibt es viele alte Bräuche, die leider zunehmend in Vergessenheit geraten. Dazu gehören beispielsweise die traditionellen Osterspeisen, Schinken, Eier und Brot, die der Pfarrer am Ostersonntag nach der Messe weiht. Hier sind ein paar Osterzeitanregungen für die ganze Familie!

Lustige Frühlingsfratzen

Mit diesen bunten Ballongesichtern kann man sich auf den Weg zum Osterfeuer machen. Danach können sie in der Wohnung aufgehängt werden – und gute Laune verbreiten.

Und so wird's gemacht

- Der Karton wird an den Schmalseiten zusammengeklebt, so daß eine kreisförmige Röhre entsteht. Sie dient als Halterung, während der Ballon beklebt wird.
- Der Luftballon wird aufgeblasen, verknotet und auf die Röhre gesetzt.
- Aus dem weißen Transparentpapier werden Streifen gerissen (ca. ein bis drei Zentimeter) und stückchenweise mit dem Tapetenkleister auf den Ballon aufgeklebt.

Es sollten mehrere Schichten übereinandergeklebt werden.

- Die zugeknotete Spitze des Ballons ist das obere Ende des Kopfes. Jetzt werden mit den farbigen Tranparentstreifen Auge, Nase, Backen und Mund aufgeklebt.
- Sobald der Ballon getrocknet ist, wird mit der Schere an seinem oberen Ende ein kreisrundes Loch mit einem Durchmesser von etwa zehn Zentimeter ausgeschnitten. Der Ballon kann jetzt herausgenommen werden.
- Um das Loch herum werden mit den Wollresten die »Haare« aufgeklebt.
- Etwas unterhalb des Loches werden rechts und links zwei kleine Löcher gebohrt. Durch sie wird der Draht geführt. Er dient als Gestell, an dem das Rundholz befestigt wird.
- Zum Schluß kommt das Teelicht in den Ballon – und los geht's zum Osterfeuer!

MATERIALIEN

Große Luftballons

Karton (15 x 40 cm)

Klebstoff

Tapetenkleister

Weißes und farbiges

Transparentpapier

Farbige Wollreste

Schnur

Schere

Draht

1 langes Rundholz

Teelichter

Ostereier lassen sich mit einfachen Mitteln und etwas Phantasie originell gestalten.

Woher die Idee mit dem Osterhasen kommt, der die Ostereier legt und versteckt, ist nicht recht klar. In Deutschland ist er überhaupt erst seit knapp 200 Jahren bekannt. Jedenfalls schmecken sie ausgezeichnet, die Schokoladenhasen in allen Größen.

Rund ums Osterei

Das Hasengärtchen

Seit alters ist es in Schwaben und Franken Brauch, daß die Kinder am Karfreitag ein Hasengärtchen herrichten. Das geht ganz einfach: Aus dem Park oder Wald wird Moos geholt. Man kann auch ein kleines Stück Rasen abstechen. Das Moos wird in ein kleines Körbchen, auf einen großen Teller oder auf ein großes Stück Rinde gelegt. Wer will, kann es noch mit ein paar bunten Blumen schmücken. In das Hasengärtchen werden die Ostereier gelegt, die am Ostersonntag von den Eltern im Garten oder in der Wohnung versteckt werden.

Bunte Eier

Schon vor 5000 Jahren sollen die Chinesen buntverzierte Eier zum Frühlingsanfang verschenkt haben. Die alten Ägypter und die Germanen haben Eier als Symbol der Fruchtbarkeit verehrt.
In unserer christlichen Tradition ist das bunte Osterei ein Symbol der Auferstehung. Die Schale steht für das Grab, aus ihr geht ein lebendiges Wesen hervor. Aus diesem Grund ist das Osterfest das wichtigste Kirchenfest in allen christlichen Religionen.

Bunte Eier mit Naturfarben

Kräuter, Beeren, Gewürze und Früchte eignen sich hervorragend zum Färben. Sie werden mit Wasser und einem Schuß Essig aufgekocht. Der Essig gibt den Eiern eine leuchtendere Farbe. Für einen halben Liter Wasser braucht man eine ganze Handvoll Färbepflanzen.

Diese Farben kann man selbst herstellen

- Braun: Tee, Zwiebelschalen, Kaffeesatz
- Grün: Efeu und Brennessel, Löwenzahn
- Dunkelblau: Heidelbeeren
- Gelb: Safran und Kümmel. Allerdings muß man die Gewürze zuerst im Wasser aufkochen lassen.
- Rot: rote Bete

Färbetips

Gekochte Eier werden ins warme Wasser gelegt, bis die Farbe stark genug ist.
Rohe Eier kocht man gleich mit den Färbepflanzen, und zwar so lange, wie man will. Man läßt sie im Wasser abkühlen.
Zum Schluß werden die Eier mit Speckschwarten eingerieben. Dadurch bekommen sie einen schönen Glanz.

Kratzeier

Zuerst werden die gekochten Eier mit Wachsmalstiften angemalt, und zwar in verschiedenen Farbschichten übereinander. Die hellste Farbe, z. B. Gelb, wird zuerst aufgemalt, dann wird diese Farbschicht mit dunkleren Farben übermalt. Zum Schluß kratzt man mit dem Schaber aus dem Wachsmalkasten oder einer Nadel Muster auf das Ei. Je nachdem, wie tief man einkratzt, kommt eine andere Farbe zum Vorschein.

Wachseier

Eine ganz originelle Färbung erzielt man, wenn man die gekochten Eier in flüssiges Bienenwachs taucht. Dann kratzt man Muster hinein und legt die Eier in eine Farblösung. Oder man malt mit flüssigem Wachs Muster auf die Eier und färbt sie danach.

Schon im Mittelalter wurden zu Ostern Eier verschenkt. Und der Bauer mußte damals an seinen Herrn eine österliche Zinsabgabe leisten, u. a. in Form von Eiern (»Zinsei«).

Für strahlende Frühlingstage

Osterpicknick

Hefeteighäschen

- Das Mehl in eine Rührschüssel geben und die Trockenhefe darüberstreuen und mit dem Mehl vermengen.
- Ei, Zucker, Salz, Butter und die lauwarme Milch zu dem Mehl geben und alles mit den Händen durchkneten, bis ein Klumpen entsteht. Klebt der Teig noch, gibt man etwas Mehl dazu.

Zutaten für 4 Hasen

500 g Dinkelmehl
80 g weiche Butter
1 Päckchen Trockenhefe
1 EL Zucker
1/2 TL Salz
1 Ei
1/2 Liter lauwarme Milch
Rosinen
1 Eigelb zum Bestreichen
1 Eiweiß zum Kleben

- Den Teig mit einem sauberen Geschirrtuch abdecken und an einem warmen Ort etwa ein Stunde gehen lassen. Der Teig muß etwa doppelt so groß werden.
- Den gegangenen Teig auf eine mit Mehl bestäubte Arbeitsfläche geben und nochmals kurz durchkneten.
- Der Hasenkörper wird aus einer Kugel geformt und auf ein mit Backpapier belegtes Blech gelegt. Der Kopf ist ein Oval und wird an den Körper angesetzt. Die Berührungsstellen werden mit Eiweiß bepinselt. Dann Ohren, Pfoten und Schwanz formen und ansetzen.
- Zum Schluß eine Rosine als Auge eindrücken und die Hasen mit Eigelb bestreichen.
- Den Backofen auf 200 °C vorheizen und die Hasen auf der unteren Schiene etwa 25 Minuten backen.

Ostern mit dem Fahrrad unterwegs

Bevor es mit dem Fahrrad losgeht, sollte eine kleine Inspektion vorgenommen werden: Kettenspannung, Bremsen und Licht prüfen, eventuell verloren gegangene Reflektoren wieder anbringen, lockere Schrauben anziehen, alle Züge und die Kette schmieren. Dann läuft's wie von selbst.

Schatzsuche

Für Kinder gibt es nichts Schöneres, als auf Entdeckungsreise zu gehen. Wer ohnehin einen Picknickausflug vorhat, kann den Ausflug auch mit einer Schatzsuche verbinden. Wer findet zuerst den Stoffosterhasen? Besonders lustig ist es, wenn mehrere Familien daran beteiligt sind. Dann können mehrere Teams gebildet werden, in denen Erwachsene und Kinder gemeinsam kämpfen. Wichtig ist, daß man sich vorher schon eine schöne Route ausgesucht hat und sie abgefahren ist. Länger als acht Kilometer sollte die Strecke nicht sein – damit es nicht zu anstrengend wird. Außerdem sollte man auch schon vorher wissen, wo man picknicken will. Um es spannend zu machen, müssen die Teams an verschiedenen Streckenposten immer wieder Hinweise bekommen, wo sie den Schatz finden können. Das kann in Form von an Bäumen oder Straßenecken befestigten Zetteln sein, die den Weg zum nächsten Stützpunkt weisen.

Osterrallye

Bei einer Rallye werden die Antworten auf die Fragen des Streckenpostens auf dem Rallyefragebogen notiert. Er wird zum Schluß von allen gemeinsam ausgewertet. Vor dem Ziel muß noch eine Aufgabe bewältigt werden. Jede Gruppe muß z. B. drei Blätter von drei verschiedenen Laubbäumen mitbringen. Gewonnen hat das Team, das die meisten Fragen richtig beantwortet hat. Die Rallye wird nicht auf Zeit gefahren. Im Gegenteil, unterwegs können durchaus Pausen eingelegt werden!

Ostereier-Wettlauf

Jedes Kind hat einen Löffel, auf dem ein Ei liegt. Ohne das Ei zu verlieren, muß es vom Start so schnell wie möglich zum Ziel laufen.

Eierrollen

Im Sand oder auf einem weichen Untergrund wird eine Kuhle gemacht, in die sechs Eier passen sollten. Fünf Spieler legen ihr Ei in die Kuhle, der sechste rollt sein Ei von einer bestimmten Entfernung aus in das Nest. Trifft er ein Ei, so muß ihm der Besitzer ein Pfand geben. Wer zum Schluß die meisten Pfänder hat, hat gewonnen.

Um bis zum Schatz vorzudringen, muß jedes Team kindgerechte Fragen beantworten. Z. B.: Über wie viele Brücken seid ihr bis zu diesem Posten gefahren? Wie viele Bäume stehen rund um den Posten?
Wer die richtige Antwort gibt, bekommt einen Hinweis, wo es weiter zum Schatz geht.

Ein Fest fürs Auge – und der Gesundheit tut es auch noch gut: Bewegung in der frischen Luft.

Wenn's draußen bläst

Windradparade

Ein Windrad für jeden kleinen Besucher einer Geburtstagsfeier ist ein schönes Andenken. Am besten in einem großen Blumentopf oder Eimer mit Sand stecken und am Eingang aufstellen. Dann fällt das Abschied-Nehmen nicht so schwer.

MATERIALIEN

Einige Bögen verschiedenfarbiges Tonpapier
Stecknadeln mit bunten Kunststoffköpfchen
Kleber
Holzleisten (1 cm x 0,5 cm x 2 m)
Holzperlen (6–8 mm Durchmesser)

WERKZEUGE

Feinsäge oder Messer
Schere
Lineal
Bleistift
Hammer

An ein paar bunten Windrädern können sich die Frühjahrsstürme so richtig kraftvoll austoben.

Und so wird's gemacht

1 Von den Holzleisten werden unterschiedlich große Stücke abgesägt bzw. abgeschnitten. Wenn sie später in einen Balkonkasten gesteckt werden sollen, dürfen sie nicht länger als 50 bis 80 Zentimeter sein, sonst sind sie zu schwer und kippen.
2 Aus den Papierbögen unterschiedlich große Quadrate ausschneiden, je nach Anzahl der Windräder. Die Seitenlängen sollten etwa zwischen 15 und 30 Zentimeter liegen.
3 Mit Bleistift und Lineal werden von Ecke zu Ecke die beiden Diagonalen auf dem Quadrat eingezeichnet. Im Schnittpunkt ist die Mitte des Windrades.
4 Nun werden die Diagonalen von den vier Ecken her gleich weit eingeschnitten (Abbildung rechts oben). Die Schnitte sollten nicht länger als ein Drittel der gesamten Diagonale sein.

5 Am schönsten sieht es aus, wenn sich die Windräder in verschiedene Richtungen drehen. Dazu muß man ihnen verschiedene Laufrichtungen geben. Das erreicht man, indem die Ecken eines Windrades rechts vom Einschnitt zur Mitte hin gebogen werden, bei einem anderen dagegen links vom Einschnitt zur Mitte hin gebogen werden (Abbildung darunter).

6 Auf eine Stecknadel wird eine Perle gesteckt und mit der Stecknadel die vier Flügel der Windmühle durch die Mitte des Windrades fixiert. Dann nochmals eine Perle auf der Rückseite des Papiers auf die Stecknadel stecken.

7 Mit einem Hammer wird nun vorsichtig das Windrad in die Holzleiste geschlagen.

8 Bevor die Windräder auf den Leisten befestigt werden, können die Holzstäbe mit verschiedenen Papierformen beklebt werden. Auf diese Weise werden aus einfachen Windrädern ganz schnell beeindruckende Windmühlen – oder »propellernde« Insekten, Hubschrauber, Flugzeuge, Phantasiegebilde …

Wer will, kann auch zwei Holzleisten über Kreuz aufeinandernageln und an den Enden jeweils ein Windrad befestigen. Jetzt brauchen die fertigen Objekte nur noch ein bißchen Wind – und fertig ist die lustige Windradparade!

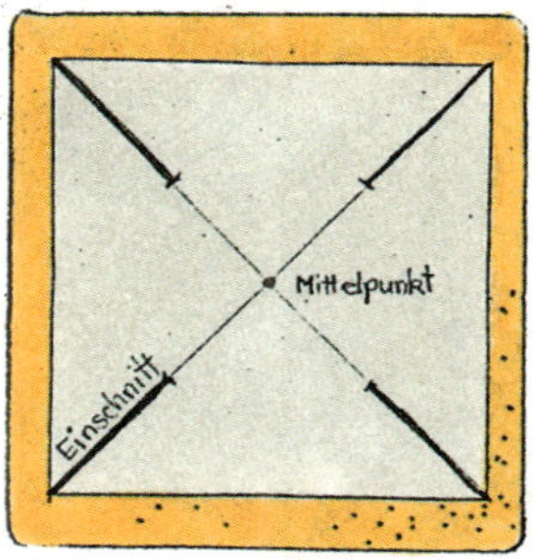

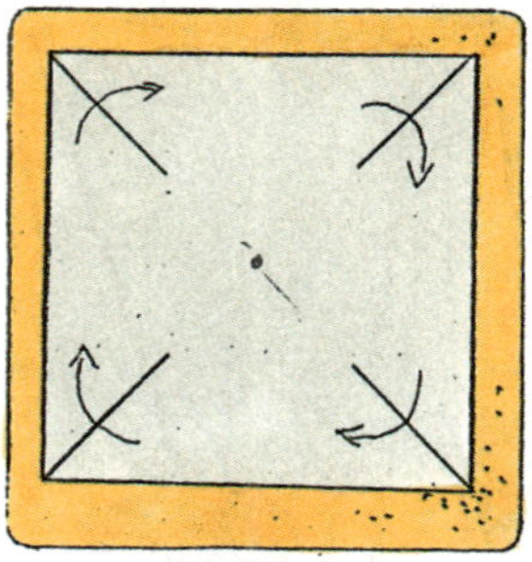

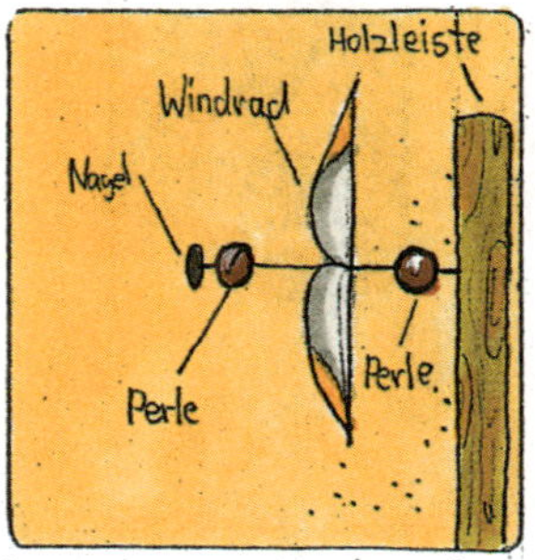

Windklangspiel

Der Wind macht die Musik

An einem Baum im Garten, auf der Terrasse oder auf dem Balkon – das Windklangspiel gibt wunderbare Töne von sich, wenn es von einem Windstoß bewegt wird. Besonders weich klingt das selbsttätige Musikinstrument, wenn es aus Bambus gemacht wird.

Materialien

- 1 Bambusstab (Durchmesser 1,8 cm, Länge 108 cm)
- 1 Stück Sperrholz (20 x 12 x 0,5 cm)
- 1 durchbohrte Holzkugel (Durchmesser 4 cm)
- Nylonfaden, Bindfaden
- 9 kleine Holzperlen

Werkzeuge

- Feinsäge
- Laubsäge
- Handbohrer (3 mm)
- Vorstecher

Und so wird's gemacht

1 Von dem Bambusrohr werden vier Stücke abgesägt und jeweils bei einem Fünftel der Länge durchbohrt. Hier ein Beispiel:

Rohrlänge	Bohrung bei
30,5 cm	6,5 cm
28,0 cm	6,0 cm
25,5 cm	5,5 cm
24,0 cm	5,0 cm

2 Aus dem Sperrholz wird eine kreisrunde Scheibe mit 12 Zentimeter Durchmesser ausgesägt. In die Mitte des Kreises wird ein Loch gebohrt. Ringsum werden vier Löcher im Abstand von 4,6 Zentimetern vom Mittelloch gebohrt (Abbildung rechts oben).

3 Nun wird nochmals eine kreisrunde Scheibe mit 7 Zentimeter Durchmesser ausgesägt und etwa 0,5 Zentimeter vom Rand entfernt ein Loch gebohrt.

4 Jetzt werden die vier Bambusstäbe mit dem Nylonfaden an die größere Scheibe gehängt. Wichtig ist, daß ein Bambusstab an zwei Löchern der Scheibe befestigt wird. Der Faden wird an der Oberseite der Scheibe mit Perlen verknotet (Abbildung rechts). Der Abstand Holzscheibe–Bambusstäbe sollte etwa 7 Zentimeter betragen.

5 An dem Mittelloch wird die große Holzkugel eingehängt. Die Kugel sollte die Bambusstäbe etwa in ihrer Mitte anschlagen. An die Holzkugel wird die kleinere Scheibe gehängt. Sie sollte sich etwa 6 Zentimeter unterhalb des längsten Stabes befinden.

6 Zum Schluß wird das Windklangspiel aufgehängt. Dafür wird jeweils ein Faden durch die vier äußeren Löcher der großen Scheibe geführt und von unten verknotet. Die vier Fäden werden oben zusammengefaßt.

7 Wer will, kann seiner Phantasie freien Lauf lassen und die Holzteile des Windklangspiels je nach Geschmack bemalen.

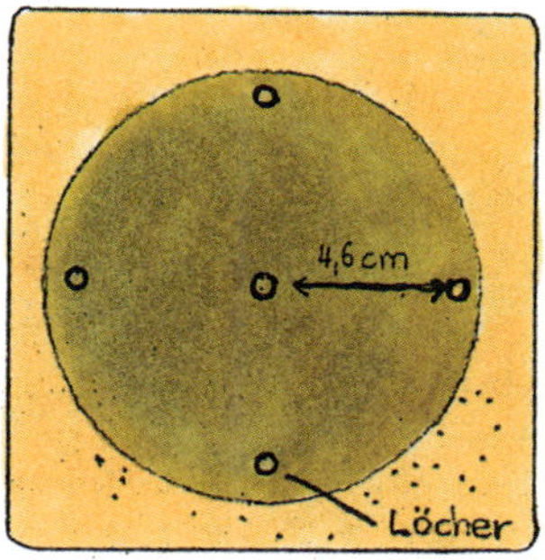

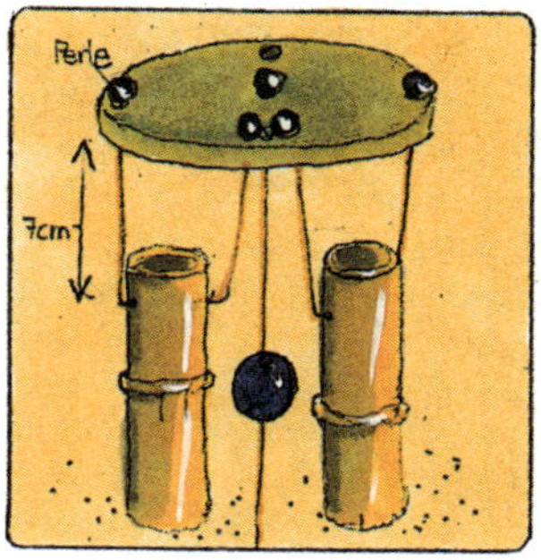

Sammeln, sortieren, aufbewahren

Steine zum Staunen

Ganz besondere Steine sind natürlich die Edelsteine. In feinster Arbeit schleifen sie die Juweliere so, daß sich durch viele Kanten das Licht bricht und die Edelsteine so an Ringen oder Halsketten herrlich funkeln.

Steine begeistern nicht nur Kinder. Wer einmal begonnen hat, Steine aufmerksam zu betrachten, sie zu waschen, sie sogar mit nach Hause zu nehmen, der ist auch bald der Sammelleidenschaft erlegen.

Steine können tiefschwarz sein, braun, rot, grau, gelblich oder weiß, gefleckt, ja sogar gestreift. Sie können glitzern und schimmern, als seien sie kleine Kostbarkeiten.

Steine, ob Kieselsteine oder ganz edle Stücke, werden in der Fachsprache Mineralien genannt. Mineralien sind Stoffe, die überall auf und in der Erde vorkommen. Sie sind ein Teil der Erde, und sie erzählen die Geschichte der Erde. Von manchen Tieren oder Pflanzen wüßten wir nichts, hätten Steine sie nicht für uns konserviert, in sich eingeschlossen und über Millionen von Jahren für uns aufbewahrt.

Auf dem Bild sind ganz einfache Steine zu sehen, runde, flache, kleine, große. Im Wasser entfalten sie ihren ganzen Zauber. Neben dem Glas liegen ein paar edle Stücke, wie es sie heute überall zu kaufen gibt. Manche Leute schwören darauf, daß Edelsteine großen Einfluß auf Körper und Seele des Menschen haben. Sie sollen Krankheiten verhindern oder sogar heilen können, wenn man sie bei sich trägt oder auf die entsprechenden Körperteile legt. Den einzelnen Tierkreiszeichen sind Edel- und Halbedelsteine zugeordnet, die den Charaktereigenschaften des Menschen mit diesem Tierkreiszeichen entsprechen.

Es gibt Museen, in denen man die ganze Pracht und Vielfalt der Steine bestaunen kann. Vielleicht wäre das ja einen Frühlingsfamilienausflug wert. Ihre Kinder werden bestimmt begeistert sein.

Mein Frü

März

21. März:
Heute beginnt der Frühling.
Mit ihm beginnt das Sternzeichen Widder.

Letztes Wochenende im März:
In der Nacht von Samstag auf Sonntag wird die Uhr auf Sommerzeit – eine Stunde vor – umgestellt; die bis zum 27. Oktober dauert.

Palmsonntag, Gründonnerstag und Karfreitag läuten das Osterfest ein. Ostern ist ein bewegliches Fest und hat in jedem Jahr ein anderes Datum.

Weißer Sonntag heißt der Sonntag nach Ostern: Katholische Kinder gehen zum erstenmal zur Kommunion.

April

Am 1. April muß man sehr hellhörig sein, um nicht in den April geschickt zu werden. Ist man reingefallen, heißt es: »Ätsch, April, April!«

21. April:
Das Tierkreiszeichen Stier beginnt.

30. April:
Walpurgisnacht. Vorsicht, die Hexen sind los!

40 Tage nach Ostern ist Christi Himmelfahrt.

ogs Tagebuch

1. Mai: Maifeiertag.

An manchen Orten werden Maibäume aufgestellt.

Zweiter Sonntag im Mai: Muttertag.

Pfingsten ist am 50. Tag nach Ostern.

Fronleichnam, ein katholisches Fest, wird am Donnerstag nach Trinitatis – so heißt der erste Sonntag nach Pfingsten – gefeiert.

Mai

21. Juni: Sommeranfang!
ie Sonne steht an ihrem höchsten Punkt, und wir haben heute den längsten Tag und die kürzeste Nacht.

22. Juni
as Tierkreiszeichen Krebs beginnt.

7. Juni
Leider bei uns kein besonderer Tag, aber im weit entfernten China! Dort ist heute der Tag der Kinder, und die stehen an diesem Tag voll und ganz im Mittelpunkt.

Juni

So endet diese Jahreszeit

Jetzt lohnt sich ein Besuch im Zoo. Da gibt es kleine Giraffen, Elefanten und Zebras. Schön, wenn es ein Streichelgehege gibt, da kann man sich in die kuschelweichen Winzlinge richtig verlieben.

So schwer es Frühling und Winter miteinander haben, so problemlos wechseln sich Frühling und Sommer ab. Auf den Kalender schauen offenbar beide nicht. Auf leisen Sohlen holt der Sommer den Frühling ein, oder der Sommer explodiert ganz plötzlich von einem auf den anderen Tag.

Im Mai machen die Freibäder wieder auf. Die ersten »Tapferen« wagen den Sprung ins noch mäßig warme Wasser. Einen Monat später sieht alles ganz anders aus: »Sonnenanbeter« bevölkern die Wiesen, und im Wasser tummeln sich die Kinder. Bald beginnt die Ferienzeit, der Urlaub steht bevor.

Bei Tierkindern zu Besuch

Am Ende des Frühlings werden viele Tierkinder geboren. Bei ausgedehnten Spaziergängen in der Nähe von Bauernhöfen oder Tiergehegen kann man die stolzen Tiermütter mit ihren Kleinen bewundern. Das Gras schmeckt jetzt besonders gut. Artgerecht gehaltene Tiere dürfen sich jetzt draußen aufhalten, wo der Wind das Fell durchpustet und die Sonne warmes Wohlbehagen spendet. Nicht zu nahe herangehen: Die meisten Tiermütter bewachen ihre Kinder recht eifersüchtig.

Wer sich eine Katze anschaffen möchte, nimmt sie am besten aus einem Wurf im Frühling. Da sind die Tiere besonders kräftig. Allerdings sollten schon gut drei Monate nach der Geburt vergehen, bevor man das Kätzchen von Mutter und Geschwistern trennt.

Der Sommer

Auf allen Planeten, die die Sonne umkreisen, ist es nur deshalb hell, weil sie von ihr angestrahlt werden. Dazu gehören z. B. Merkur, Mars, Jupiter und die Venus, die wir als Morgen- oder Abendstern bezeichnen.

Daß die Erde eine Kugel ist und schon gleich gar, daß sie sich um die Sonne dreht, war vor etwa 2000 Jahren unbekannt. Damals dachten die Menschen, ihre Erde sei eine Scheibe, von deren Rand man herabfällt. Heute wissen wir, daß die Erde rund ist und sich um sich selbst dreht. Ein weiterer Irrtum bestand darin, daß man glaubte, die Erde sei der Mittelpunkt des Universums und alle anderen Himmelskörper umkreisten sie. Erst vor ca. 450 Jahren kam der Astronom Kopernikus darauf, daß sich die Erde um die Sonne dreht. Seine Schüler gelangten zu der

Erkenntnis, dass die Erde 365 Tage für eine Sonnenumkreisung braucht.

Zum Vergleich: Der Planet Merkur braucht nur 88 Tage, Neptun aber 164 Jahre.

Wenn es Sommer ist, hat die Erde ihre Laufbahn um die Sonne zur Hälfte bewältigt. So wie sie jetzt zur Sonne steht, fallen deren Strahlen auf der Nordhalbkugel direkt ein, so daß es sehr warm wird. Die Sonne ist eine Million mal größer als die Erde, und auf ihrer Oberfläche ist es 6000 °C heiß. Wandert die Erde weiter, treffen die Sonnenstrahlen bei uns immer schräger auf die Erdoberfläche. Es wird Herbst und dann Winter.

Damit es uns durch die Sonnenstrahlen im Sommer nicht zu heiß wird, ist die Erde von einer Lufthülle umgeben, die man »Atmosphäre« nennt. Die Strahlen werden zum Teil in den Weltraum zurückgeworfen und zum Teil gefiltert. Ansonsten würden die Meere schon bald anfangen zu kochen.

Ein Baum im Wandel der Jahreszeiten

Die Kastanie im Sommer

Der riesige Baum auf diesem Bild wird in wenigen Monaten kaum noch so aussehen wie jetzt, mitten im Juli. Dann wird er goldgelb dastehen und unzählige stachelige Kugeln abwerfen, aus denen seine braunen Samen kullern, die Kastanien.
Im Herbst weiß jeder, was das für ein Baum ist, weil Bäume tatsächlich am sichersten an ihren Früchten erkennbar sind.
Den Sommer über ist die Kastanie – sie heißt eigentlich Roßkastanie – blendend grün und üppig mit Laub bedeckt. Diese hier ist fast 30 Meter hoch und uralt. Eine Kastanie kann tatsächlich 200 bis 300 Jahre alt werden, andere Bäume sogar noch viel älter.

Ein großer Baum ist wie ein großer Bruder. Man kann sich an seinen Stamm lehnen und mit ihm reden. Ein großer Baum versteht alles, große und kleine Sorgen. So ein Baum steht bestimmt auch ganz in Ihrer Nähe.

Lebensraum für viele gefiederte Gäste

In ihren Zweigen fliegt es ein und aus. Hier haben viele Vögel, vor allem aber Saatkrähen und Amseln, ihre durch das Laub gut geschützten Nester. Aber auch Spatzen brüten dort.
Die Roßkastanie sieht in jeder Jahreszeit sehr verschieden und immer wunderschön aus, beispielsweise im Frühjahr, wenn sie aus Leibeskräften blüht.
Wer einen solchen Baum in der Nähe hat, erlebt an ihm außerordentlich eindrucksvoll den Wechsel der Jahreszeiten. Machen Sie sich und Ihren Kindern die Freude, den Baum in Ihrer Nähe zu verschiedenen Tageszeiten, aber auch Jahreszeiten immer wieder aufzusuchen.

Jede Jahreszeit hat ihre Farben

Den Sommer malen

Am Abend ist das Licht im Sommer besonders schön und bringt die Farben in der Natur zum Leuchten.

Der Sommer ist die Jahreszeit, in der die leuchtenden Farben des Frühlings verschwinden.
Die Luft beginnt durch die Hitze zu flirren, und verdunstendes Wasser zieht einen diesigen Schleier über den eigentlich blauen Himmel. Manchmal scheint es, als schwimme die Landschaft in der flirrenden Hitze des Mittags. Abends leuchten die Farben stärker, vom klaren Licht der tiefstehenden Sonne berührt.
Grünes Gras dörrt langsam aus, wird gelblich und hart. Jetzt reifen die Kornfelder und überziehen die Landschaft mit warmen Gelb-, Orange- und Brauntönen.
Auf Obstwiesen findet man tiefgrüne Kirsch-, Apfel- und Birnenbäume, in deren Schatten so mancher Schutz vor der heißen Sonne sucht. Hier lässt sich auch gut der Picknickkorb auspacken und ein kleines Nickerchen machen. Nach dem Imbiß wird das Malzeug hervorgeholt, und jeder sucht sich sein Motiv.

Der Reichtum des Sommers

Dem einen wird es gefallen, das ganze Panorama der Sommerlandschaft ins Bild zu bringen, der andere versucht sich lieber am Detail: einer Blume, Ähren, die sich im Wind wiegen, oder dem bunten Schmetterling, der von Blüte zu Blüte flattert. Reizvoll ist es aber auch, wenn sich alle auf ein Motiv konzentrieren. Dann kann man sehr schön vergleichen: die unterschiedlichen Techniken, die verschiedenen Sehweisen usw.
Auf dem Bild rechts ist von allem etwas zu sehen. Farben und Formen, Landschaft und Details. So kann man den Sommer mit nach Hause nehmen.

Mit Pinsel und Wasserfarben

Die schönsten Sommerbilder lassen sich mit Wasserfarben malen. Da kann man die Farbe mal dick auftragen und kräftige Sonnenblumen malen oder sie verdünnen und damit die flirrende Hitze sowie einen blaßblauen Himmel auf den Zeichenkarton bannen. Der Phantasie sind keine Grenzen gesetzt.

Ein großes Format eignet sich am besten, und an guten Pinseln sollte nicht gespart werden. Sie müssen möglichst viel flüssige Farbe aufnehmen können. Am besten, aber auch am teuersten sind Rotmarderpinsel, aber ein guter Rindshaarpinsel tut es auch.

Nach dem Malen sollten die Pinsel gut ausgewaschen und der Haarkörper nachgeformt werden.

Wenn ganz Kleine mitmalen wollen, die mit dem Pinsel noch ihre Schwierigkeiten haben, dann sollte Fingerfarbe bereitstehen, damit der Sommer so richtig kunterbunt wird.

So wird's gemacht

Wer sich sein Motiv ausgesucht hat, sollte es erst einmal genau betrachten, seine Formen und Farben in sich aufnehmen, Hinter- und Vordergrund bedenken. Dann kann es losgehen.

Wer will, kann sein Bild erst einmal mit Bleistift vormalen. Die Sonnenblumen, der Kirschbaum, ein Schmetterling, die Schnecke oder ein Busch lassen sich mit ein paar geometrischen Grundformen malen. Am besten man übt zuerst die Formen auf einem Blatt Papier mit freier Hand.

Wer nebenstehendes Bild genau betrachtet, wird überall die einfachen Formen finden, mit denen sich leicht ein Bild zusammenbauen läßt.

Beim Anmalen sollte man darauf achten, daß die Farben im Vordergrund meist recht kräftig sind und im Hintergrund immer blasser werden. So entsteht ein räumlicher Eindruck. Wer schafft es, den heißesten Sommertag zu malen?

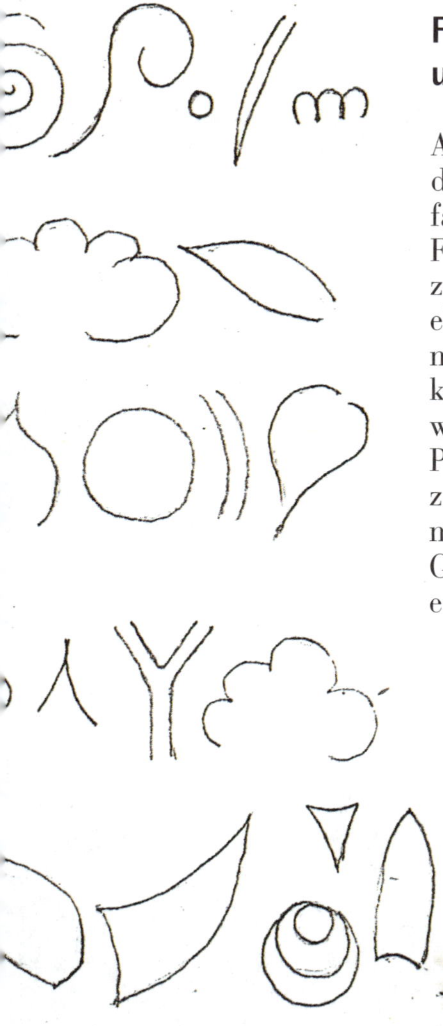

Formen und Farben

Auf der linken Seite des Bildes sind einfache geometrische Formen und Figuren zu sehen, die als Grundelemente für ein Sommerbild verwendet werden können. Man kann damit üben, wenn man sie auf einem Blatt Papier mit der freien Hand aufzeichnet. Später können sie dann mit freien Elementen zu einem Gesamtbild vereinigt werden, wie es auf der Seite 11 zu sehen ist.

Viel Freude
beim Malen
und Zeichnen!

Was gibt es auf dem Wochenmarkt?

Wer malt zu Hause das schönste Bild von den Ständen, den Sonnenschirmen, den Bauern und den Tieren?

Der Wochenmarkt ist der Spiegel der Jahreszeiten. Ganz besonders bunt und vielfältig sind im Sommer die Marktstände der Bauern. Was sie auf den Markt bringen, haben sie selber gesät, gepflanzt, gehegt und gepflegt und für den Wochenmarkt geerntet. Schon kurz nach dem Ende der Frostzeit beginnen sie, sich um ihre Felder zu kümmern. Da wird der Boden umgepflügt, das Saatgut in die Furchen gelegt, da hofft der Bauer später auf warmen Frühjahrsregen und viel Sonne, damit alles gedeiht. Ein Hagelschauer kann alle Mühe zunichte machen. In den Bauerngärten wachsen zartrote Himbeeren, Johannisbeeren in vielen Farben, grüne Stachelbeeren und die leuchtendroten Erdbeeren.

Frisch geerntet kommen die Beeren auf den Bauernmarkt. So behalten sie ihr volles Aroma und ihren ganzen Duft. Es ist, als schmeckte man in ihnen die Kraft des Sommers.

Augen und Nase haben viel zu tun auf dem Wochenmarkt. Manchmal bringt eine Bäuerin ein lebendiges Huhn mit zum Markt, damit sich die Kinder vorstellen können, woher die Eier kommen. Die Gurken und Äpfel, die Salatköpfe und Möhren, die Kräuter und Zwiebeln sehen auf dem Wochenmarkt ganz anders aus als in den Läden. Das liegt daran, daß die bäuerlichen Produkte ganz einfach so wachsen dürfen, wie Sonne, Wind, Regen und die Erde es ihnen vorsagen: mal groß, mal klein, mal dick, mal dünn, mal krumm und schief. Und manchmal sogar mit Wurm. Andere Produkte müssen sich nach der Euronorm entwickeln. Da muß die Gurke immer so groß sein wie ihr Karton. Diese Produkte werden europaweit gehandelt. Aber auf dem richtigen Wochenmarkt sind sie die Ausnahme und die bäuerlichen Produkte aus dem Umkreis die Regel.

In frischem Obst und Gemüse steckt viel Gesundheit. Im Sommer ist reichlich Gelegenheit, die verschiedenen Sorten auszuprobieren.

Kinderküche

Gurkenschiffe und Tomatenkapitäne

Schmecken nicht nur am Meer

Zutaten

4 Tomaten • 2 kleine Salatgurken • 4 Scheiben Goudakäse • 150 g gekochter Schinken • Basilikum • 2 hartgekochte Eier • Schnittlauch • Dill • 4 Zahnstocher • 4 Schaschlikstäbchen

Zubereitung

- Gurken halbieren, aushöhlen. Von den Tomaten kleine Deckel abschneiden, Tomaten und Deckel aushöhlen.
- Zwei Scheiben Käse, den Schinken und die Gewürze kleinschneiden und mit dem Inneren der Tomaten und Gurken vermischen.
- Pfeffer und Salz zugeben und die Tomaten und Gurken damit füllen.
- Die hartgekochten Eier halbieren und als Köpfe auf die Tomaten setzen.
- Die Deckel als Mützen darüberstülpen und mit Zahnstocher feststecken.
- Die beiden restlichen Käsescheiben in vier Dreiecke schneiden und mit Schaschlikspießen als Segel auf dem Gurkenschiffchen befestigen.

Guten Appetit!

Wir spielen draußen

In der Stadt sind Parks und Spielplätze, Gärten und Hinterhöfe gerade im Sommer ideale Spielräume für Kinder.

Zielen

Auf einer Mauer werden Dosen in Form einer Pyramide aufgestellt. Mit einem kleinen Ball darf jeder Mitspieler von einer bestimmten Stelle aus dreimal werfen. Jede umgeworfene Dose zählt einen Punkt. Wer die meisten Punkte hat, ist Dosenkönig.

Schnelle Tiere mit Dompteur

Jeder Mitspieler wählt sich einen Tiernamen. Alle bilden einen Kreis um den Dompteur. Der Dompteur ruft nun einen Tiernamen und wirft dabei den Ball in Richtung des aufgerufenen »Tieres«. Dieses muß den Ball auffangen und zum Dompteur zurückwerfen. Wer den Ball fallen läßt, muß in die Hocke gehen, spielt aber weiterhin mit. Wer bis zuletzt steht, ist Sieger und darf den Dompteur ablösen.

Spielplatz-Olympiade

Alle Kinder begutachten den Spielplatz und besprechen, was er so alles zu bieten hat. Dann überlegen sie gemeinsam, welche »Disziplinen« sich anbieten. Danach werden zwei gleich starke Mannschaften gebildet. Der Spielleiter pfeift das Spiel an und stellt die Uhrzeit fest. Dann geht's los. Die Gruppe A beginnt. Die Zeit wird festgestellt. Dann ist Gruppe B dran. Wer war schneller?
So kann die Olympiade aussehen:

- Einmal um den Sandkasten gehen (nicht laufen!)
- Zur Rutsche auf einem Bein hüpfen
- Kopfüber rutschen, wobei der Spielleiter Hilfestellung gibt
- Auf allen vieren zu einer bestimmten Bank kriechen
- Auf die Bank legen und die Knie an die Ohren ziehen
- Zum Sandkasten rückwärts gehen
- Dort gemeinsam drei Minuten lang eine möglichst hohe Burg bauen

- Auf der Wippe die Gruppe so verteilen, daß die Wippe achtmal wippt.

Je nach Spielplatzbeschaffenheit kann die Olympiade noch mit viel Phantasie erweitert werden.

Murmeln, Schusser, Klicker
Jeder Spieler braucht eine Handvoll Ton- oder Glasmurmeln. Auf der Erde wird eine Linie gezogen, das ist die Wurfgrenze. Ein Loch wird so in die Erde gebohrt, daß auch der Mitspieler mit den kürzesten Ärmchen noch eine Chance hat, mit seiner Murmel ins Loch zu treffen. Der erste Spieler versucht nun, seine Murmel in dem Loch zu landen. Gelingt es ihm, darf er noch mal werfen. Gelingt ihm der Wurf nicht, muß der nächste Spieler die Murmel so schubsen, daß sie ins Loch rollt. Trifft sie das Loch, geht er hinter die Wurfgrenze und wirft eine Murmel.
Der letzte Spieler, der eine Murmel ins Loch befördert, darf sich die schönste Kugel aussuchen. Oder man vereinbart einen anderen Gewinn. Für das Spiel mit Murmeln lassen sich viele Spielregeln erfinden. Am besten ist es, selbst auszuprobieren, was am meisten Spaß macht.

Hüpfhaus
Mit einem Hölzchen oder Kreide wird ein Kreuz auf den Boden gemalt, das sieben Gefächer hat. Eines für jeden Wochentag. Es beginnt mit dem Montag. Dann kommt der Dienstag, dann der Mittwoch.
Im nächsten Gefach ist der Sonntag, im übernächsten der Freitag. Links vom Sonntag ist der Samstag, rechts davon der Donnerstag. Nun sind alle Wochentage beieinander. Auf einem Bein geht es durch die Woche. Der Sonntag darf beim Hüpfen nicht berührt werden. Erst nach dem Samstag darf man sich im Sonntagskästchen mit zwei Füßen ausruhen. Danach geht

es über den Samstag hüpfend zurück zum Montag.
Der Spielleiter gibt an, wie gehüpft wird:

- Linke Hand am linken Ohr
- Beide Hände über der Brust gekreuzt
- Einen Stein auf der ausgestreckten Hand balancieren
- Einen Stein auf dem nicht hüpfenden Schuh balancieren
- Rückwärts hüpfen
- Einen Wochentag überspringen
- Einen kleinen Ball zwischen den Knien beim Hüpfen festhalten.

Der Phantasie sind keine Grenzen gesetzt.

Viel Spaß beim Hüpfen!

Zum Sommerfest gehört eine lustige Polonäse, bei der alle mitmachen.

Lachend kommt der Sommer

Wir begrüßen den Sommer mit einem fröhlichen Fest im Freien. Es gibt reichlich Limonade und lustige Spiele. Viel Spaß macht es, wenn die Kinder gemeinsam ein Lied einüben und vortragen. Es wird mit einfachen Rhythmusinstrumenten – Töpfen, Plastikeimern, Kochlöffeln u. ä. – begleitet.

Trarira, der Sommer, der ist da

Volkstümlich aus der Rheinpfalz

1. Trarira, der Sommer, der ist da!
Wir woll'n hinaus in'n Garten
und woll'n des Sommers warten!
Ja, ja, ja, der Sommer, der ist da!

2. Trarira, der Sommer, der ist da!
Wir wollen hinter die Hecken
und woll'n den Sommer wecken.
Ja, ja, ja, der Sommer, der ist da!

3. Trarira, der Sommer, der ist da!
Der Winter ist zerronnen,
der Sommer hat begonnen.
Ja, ja, ja, der Sommer, der ist da!

SATZ: H. R. WITZIG

Mit selbstgebastelten Instrumenten werden Gesang und Tanz begleitet. Dazu eignen sich Topfdeckel, Plastikeimer, Kochlöffel und Raschelpapier. Kinder entwickeln dabei ein gutes Gefühl für den Rhythmus.

Raddampfer mit Gummimotor

Die Materialien für den seetüchtigen Raddampfer

- Eine Holzleiste, 2cm x 1cm x 100cm
- Ein Korken • Vier bis sechs Haushaltsgummiringe
- Sieben Holzschrauben, 1,5 cm lang
- Acht Dekostifte oder Stecknadeln mit Kunststoffköpfen
- Ein Plastikkörbchen (Abfall)

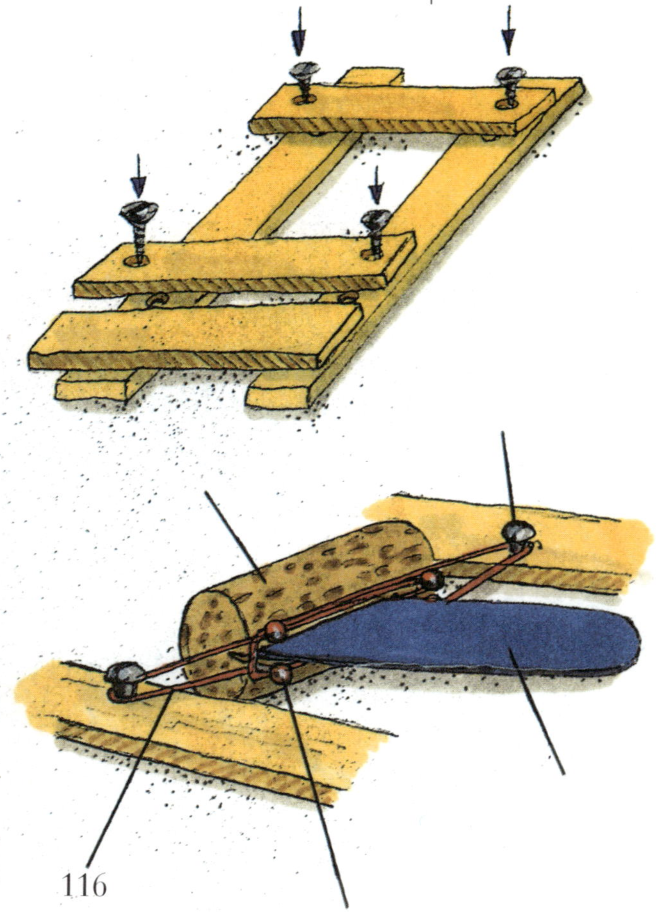

Werkzeuge

- Holzsäge • Feile oder Holzraspel
- Schleifpapier • Schleifklötzchen
- Schraubenzieher • Handbohrer (2mm) oder Vorstecher
- Schere • Taschenmesser
- Holzleim oder Alleskleber
- Wasserfester Lack • Pinsel

So wird's gemacht

- Es werden zwei Holzleisten von 29 Zentimeter Länge und drei Holzleisten von 13 Zentimeter Länge abgesägt.
- Zwei der kürzeren Holzleisten werden an jeweils einer ihrer schmalen Seiten mit Leim bestrichen und aneinandergeklebt. Trocknen lassen.

So sieht der fertige Raddampfer aus. Die Holzteile werden mit wasserfestem Lack überzogen.

• Nun wird die Lage der hinteren Querleiste auf beiden langen Leisten angezeichnet (siebeneinhalb Zentimeter vom Ende). An beiden Enden der kurzen Leiste wird etwa ein Zentimeter vom Rand entfernt ein Loch gebohrt. Dann wird die kurze Leiste auf die beiden langen aufgeklebt und mit zwei Schrauben durch die vorgebohrten Löcher befestigt. Alles möglichst rechtwinklig ausrichten.

• Während des Trocknens kann das Ruder angefertigt werden. Dazu wird ein elf Zentimeter langes Stück von der Holzleiste abgesägt und, wie auf dem Foto oben zu sehen ist, mit Raspel, Taschenmesser und Feile in Form gebracht und abschließend mit dem Schmirgelpapier schön sauber geglättet.

• Jetzt werden die beiden zusammengeklebten kurzen Leisten vorne auf die langen Leisten aufgeleimt und verschraubt. Trocknen lassen.

Achten Sie darauf, daß die Kinder sich Zeit nehmen und sorgfältig arbeiten. Die Freude ist dann am größten, wenn auch alles richtig funktioniert.

Der Schiffskörper von oben. Nachdem der Korken mit den Schaufelrädern montiert ist, werden die Bug- und Heckleisten abgerundet. Anschließend wird lackiert.

- Für das Schaufelrad wird ein Flaschenkorken der Länge nach von vier Seiten etwa einen halben Zentimeter tief mit dem Taschenmesser eingeschnitten.

- Aus dem Plastikkörbchen schneidet man vier Schaufeln aus, etwa dreieinhalb Zentimeter breit und sechs Zentimeter lang. An einer der schmalen Seiten etwas abrunden.

- Etwas Kleber wird in die Schlitze des Korkens gegeben, und dann werden die Schaufelräder mit der schmalen, geraden Seite eingedrückt.

- Die acht Dekonadeln werden jeweils an den beiden Seiten der Schaufeln schräg in den Korken gedrückt. Sie dürfen nicht ganz durchgesteckt werden!

- Sobald der Leim am Bootskörper getrocknet ist, kann mit dem Raspeln, Feilen und Schleifen begonnen werden. Der Bug des Schiffes wird abgerundet, nachdem man sich vorher die Form vorgezeichnet hat. Ebenso rundet man die langen Leisten an ihren Enden ab und schrägt den zum Heck zeigenden Rand der hinteren Querleiste ab.

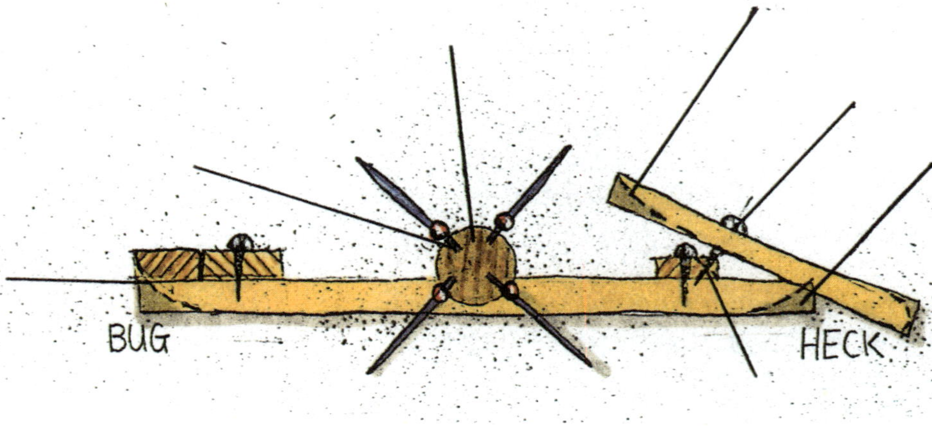

Der Raddampfer auf großer Fahrt. Je nach Anzahl und Länge der Gummiringe legt er aus eigener Kraft fünf bis zehn Meter zurück, bevor der Gummimotor wieder aufgezogen werden muß.

- Jetzt werden alle Holzteile lackiert, damit sie sich nicht mit Wasser vollsaugen.

- Nach dem Trocknen werden die zwei Schrauben zur Befestigung des Schaufelrades genau in der Mitte zwischen der hinteren und der vorderen Querleiste ein Stück weit eingedreht.

- Das Schaufelrad wird in die Mitte des Bootes gelegt. Dann hängt man die Gummiringe ein, indem man sie um eine Schraube legt, dann um eine Schaufel sowie einen Stecknadelkopf herumführt und auf der anderen Seite wieder zurück zur Schraube führt. Die Gummis werden von beiden Seiten eingehängt. Je nach Länge der Gummis können vier bis acht Stück verwendet werden.

- Nun wird das Ruder noch in der Mitte der hinteren Querleiste mit einer Schraube befestigt.

- Gummimotor aufziehen – und Schiff ahoi!

Mit einem weiteren Raddampfer und ein paar Papierschiffchen entsteht gleich eine ansehnliche Flotte. Auch eine leere Milchtüte, von der eine Längsseite abgeschnitten wird, eignet sich gut als Schiff. Kamine aus Papierrollen einkleben, etwas Watte als Rauch und schon gehts ab nach Amerika!

Neues von der Fensterbank

Unsere Stadtkinder bekommen zu allen Jahreszeiten reife Erdbeeren zu sehen. Gönnen Sie Ihrem Kind das Staunen, wenn im Sommer vor seinen Augen eine Erdbeere reift.

Um einer Erdbeerpflanze einmal ganz genau zusehen zu können, pflanzt man sie in einen Topf und stellt sie außen aufs Fensterbrett oder auf den Balkon. Kleine Erdbeerpflanzen gibt es beim Gärtner oder auf dem Wochenmarkt. Man kann sie sogar selber ziehen, wenn man Erdbeerpflanzen im Garten hat, die an langen Ausläufern neue Pflänzchen gebildet haben.

Erdbeeren blühen und tragen Früchte, oft bis in den Herbst hinein. Blüten, grüne und rote Früchte kann man an einer einzigen Erdbeerpflanze zur selben Zeit beobachten. Die Blüte besteht aus fünf weißen Blütenblättern und mehreren gelben Griffeln, in deren Mitte ein immer größer werdender gelber Hügel sitzt. Die Blütenblätter und der kleine gelbe Hügel werden von grünen Kelchblättern an einem langen Stengel gestützt. Je größer der gelbe Hügel wird, desto grüner wird er. Die Blütenblätter fallen ab, und die Kelchblätter bleiben übrig.

Zuschauen und staunen

Der grüne Hügel nimmt mehr und mehr die Form einer Erdbeere an und wird allmählich reif. Sobald sie über und über leuchtend rot ist, kann man sie ernten. So geht es dann alle paar Tage, vorausgesetzt, die Pflanze hat genügend Luft, Licht und Wasser.

Juli und August sind die beiden Erdbeermonate in Deutschland. Wenn zur Weihnachtszeit oder im Frühling Erdbeeren angeboten werden, dann haben sie eine weite Flugzeugreise hinter sich, denn sie kommen aus Ländern, die während unserer Winterzeit Sommer haben.

Alte Meister sehen den Sommer

»Die Kornernte« – dieses Bild von Pieter Brueghel dem Älteren ist 1565 entstanden und hängt in New York im Metropolitan Museum of Modern Art.

Das Bildthema

Wir sehen ein sommerliches Landschaftsbild. Es ist Mittag und glühend heiß. Als Betrachter befinden wir uns mitten im Bild. Es scheint, als ob wir auf einem kleinen Hügel sitzen und dem geschäftigen Treiben der Erntearbeiter mitten unter uns zusehen.
Im rechten Vordergrund sitzt eine Gruppe von Männern und Frauen und ruht sich im Schatten eines Baumes aus. Jemand hat ihnen Hafersuppe, Brot und Käse gebracht. Ein Bauer schneidet einen Laib Brot in Scheiben, während die anderen ihre Suppe löffeln. Links von ihnen schläft ein Mann in weißem Hemd mit ausgestreckten Beinen und geöffnetem Mund.
Doch nicht alle machen Pause. Vorne links schneiden zwei Männer mit weit ausholenden Sensenschwüngen das Korn. Mehrere Frauen bündeln das geschnittene Korn und stellen es wie kleine Zelte auf. Durch eine Schneise im Kornfeld bringt ein junger Bursche neues Wasser aus dem Dorf. Hinter ihm tragen zwei Frauen gebündeltes Korn ins Tal hinab. Ein von Pferden gezogener Heuwagen fährt ins Dorf. Auch im Hintergrund des Bildes, vor dem Dorf, sieht man, wie viele Arbeiter mit der Heuernte beschäftigt sind. Und ganz rechts im Bildhintergrund wird Obst geerntet.

Pieter Brueghel stammte aus einer flämischen Malerfamilie. Seine Vorfahren malten überwiegend Blumen- und Früchtestilleben.

Die Landschaft

Die Kornernte findet auf einem Hügel statt. Von Bäumen fast verdeckt, steht oben rechts die Dorfkirche. Die Bauernhäuser sind von Obstwiesen umrahmt, und im Hintergrund sieht man eine Meeresbucht mit großen Schiffen. Die baumgesäumte Dorfstraße zieht sich durch leuchtend gelbe Weizenfelder in den Horizont hinein. Die Menschen sind eingebettet in diese Landschaft. Es ist, als wenn sie ein Teil der Natur sind.

Das Gemälde ist von Pieter Brueghel dem Älteren (ca. 1525–1569)und heißt »Die Kornernte«. Es wurde 1565 gemalt und gehört zu einer Reihe von sechs Bildern, die jeweils immer zwei Monate des Jahres darstellen. Hier werden die Arbeiten der Menschen während der Monate Juli und August gezeigt. Den Bauern auf dem Bild sieht man ihre schwere Arbeit an. Trotzdem lassen sie es sich gutgehen. Neben der Arbeit scheint genügend Zeit zum Essen, Trinken und Schlafen zu sein. Auffallend sind die sehr fein abgestimmten Farben des Bildes. Durch sie meint man die Hitze des Sommertages zu spüren. Sie wird durch die warmen Gelb-, Braun- und Rottöne, aber auch durch das bleierne Grau des Himmels geschaffen. Die Erntearbeiter leiden unter der Hitze. Brueghel hat sie so genau beobachtet, daß man meint, ihren Gesprächen zuhören zu können.

Wer sich Pieter Brueghels Bild »Die Kornernte« bestellen will, kann dies tun bei der Kunstkreis Verlags GmbH, Talstraße 6, 70825 Korntal, unter der Bestellnummer 10235-0.

Und so geht es heute zu

Wenn heute die Bauern ihre Ernte einfahren, benützen sie Maschinen und meist auch Traktoren, Pferde sind nur noch selten bei solchen Arbeiten zu sehen.

Die Vorlesegeschichte

Warum die Schweine nackt sind

Wir haben die Geschichte aus dem Buch »Sankt Nikolaus in Not und andere Erzählungen« von Felix Timmermanns entnommen.

Als der liebe Gott die Tiere geschaffen hatte, waren sie zuerst alle nackend. Aber am selben Tag noch wollte er sie färben und kleiden. Alle standen brav und ordentlich in einer Reihe und warteten geduldig, bis sie drankamen. Aber das Schwein war aus der Reihe weggelaufen und in den Wald geraten. Dort fing es an zu schmausen und zu schmatzen an zarten saftigen Wurzeln. Und als es gut gegessen hatte, legte es sich vor Behagen auf den Rücken und schlief ein. Seine vier Beine in die Luft.

Erst als die Sonne unterging, wurde es wach. Es kamen ihm viele Tiere entgegen, schön angezogen und bemalt. Das Schaf trug ein weißes Hemdchen aus krauser Wolle, und der Esel hatte einen grauen Kittel an. Der Löwe war bekleidet mit einer Mähne, die Kuh war weiß und braun gefleckt, der Tiger regelmäßig gestreift auf beiden Seiten, rechts und links ganz gleich.
Der Hund hatte Haare, braun und schwarz. Der eine kurz, der andere lang. Die Ziege trug ein Bärtchen wie ein Stadtschreiber, und der Hahn hatte viele schöne Federn. Die längsten trug er am Ende seines Rückens. Und die Vögel – so schön kann man gar nicht träumen, so schön, wie die angezogen waren! Das Schwein machte lange Beine, um auch so ein schönes Kleid zu kriegen. Außer Atem kam es auf dem verlassenen Platz an. Aber ach, wie erschrak der liebe Gott, als er das Schwein da nackend herangetrabt kommen sah! Denn er saß schon mit seinen Engeln auf einer Wolke, um zurück in den Himmel zu segeln, und der Farbenkasten war leer, ganz und gar leer.
Er schlug die Hände zusammen. Was nun anfangen? »Du kommst zu spät«, sagte der liebe Gott zu dem Schweinchen.
»Sieh hier den Farbenkasten! Nicht einmal ein Tröpfchen findest du noch. Sogar die Pinsel haben wir im Graben ausgewaschen und die ganze Farbe.

Vielleicht bekommt Ihr Kind jetzt Lust, wieder einmal in den Zoo zu gehen, um die Tiere zu betrachten, die hier beschrieben werden. Das kann ein wunderschöner Sommerausflug werden.

Am Ende gab es dann doch eine Lösung, mit der das Schweinchen zufrieden sein konnte.

ist verbraucht! Ach, nun läufst du allein nackend herum! Schweinchen, Schweinchen, warum bist du aus der Reihe gelaufen!«

Das Schwein fing an zu heulen und zu quieken, zu quieken, heiliger Petrus! – so jämmerlich, daß sein Rüssel ganz lang wurde und man die Augen nicht mehr sah. Der liebe Gott wurde kreideweiß. Er hätte so gern dem Schweinchen geholfen, besonders weil es nun auf einmal so häßlich geworden war. Da stand er und wühlte mit den Händen in seinen goldenen Haaren.

Und das Schweinchen schrie immerfort: »Ich bin nackend, ich allein bin nackend! Und nicht eine einzige Verzierung, nicht eine einzige kleine Verzierung am Leibe! Und ich wäre schon mit so wenig zufrieden!« Voll Kummer wand sich der liebe Gott die Haare um die Finger. Und da blieb eine schöne Korkenzieherlocke hängen. Ihm fiel das traurige schlappe Schwänzchen des Schweines in die Augen – und ein herrlicher Gedanke schoß ihm in den Kopf.

»Komm einmal her!« sagte er, nahm die Brennschere und erhitzte sie an dem ersten Stern, der an dem blauen Himmel aufglühte. Dann brachte er das schlaffe Schwänzchen in ein zierliches Ringellöckchen.

»Mehr kann ich nicht tun«, sagte der liebe Gott. »Ich kann doch deine Beine nicht zu Löckchen brennen!«

Und das Schwein sah sich um nach seinem Schwänzchen und fand es so schön, daß es vor Freude grunzte. Und es war so stolz darauf, daß es von nun an auf den Zehen ging wie eine reiche Dame mit einem neuen Hut.

Das Zitronenschwein ist eine hübsche Tischdekoration. Und zudem hat es noch reichlich Vitamine im Bauch.

Warum Schweine manchmal gelb sind

Wer Zitronen einmal näher betrachtet, wird einige darunter entdecken, die vorne einen richtigen Schweinerüssel und hinten ein Schwänzchen haben.
Nun brauchen sie nur noch Augen, Ohren und vier Beine, bis jeder erkennt:

Oh, ein gelbes Schwein!

Wenn das gelbe Schwein zur Dekoration des Frühstückstisches nicht mehr gebraucht wird, drückt man je eine Hälfte in einen Joghurt aus und gibt einen Teelöffel Honig hinzu. Ordentlich schaumig rühren! Es schmeckt nicht nur gut, sondern ist auch sehr gesund. Wer will, kann dem Joghurt noch einen Löffel Müsli beimischen. Wie das Müsli gemacht wird, steht auf Seite 171.

Zitronen enthalten ganz besonders viel Vitamin C. Dieses Vitamin hilft unserem Abwehrsystem, Krankheitserreger und Bakterien, die es wagen, ins Blut einzudringen, anzugreifen und zu vernichten. Auch in Äpfeln und Kiwis ist viel Vitamin C.

Was wächst denn da?

Burgfräulein Bohne von der Bohnenburg

Wie eine Pflanze wächst und sich entfaltet, ist eine ganz wichtige Erfahrung für Kinder. Die selbstgebaute Kartonburg wird zum Erlebnis, wenn die Bohne langsam von Fenster zu Fenster klettert.

Gleich zu Beginn des Sommers werden fünf hochwachsende Bohnen in einen Blumentopf mit weicher Erde gesteckt. Nach wenigen Tagen bricht die Erde auf, und die Bohnenkeime strecken sich ins Freie. Überall, wo Licht ist, gedeihen sie. Das Gießen darf man nicht vergessen. Für die Bohnenburg braucht man den Deckel einer großen Schachtel und noch ein paar kleine Schachteln und Rollen. Die beiden schmalen Seiten der großen Schachtel oder des Deckels werden in der Mitte von der Kante bis zum Boden durchgeschnitten. Dann wird der Deckel von Schnittstelle zu Schnittstelle geknickt. Nun sieht das Ganze schon fast wie eine Burg aus. Die übereinandergeschobenen schmalen Seiten leicht verkleben. Damit die Burg nicht umfällt, wird sie auf starken Karton geklebt. Nun fehlen noch Dach und Zinnen und Schießscharten. Ordentlich Fenster und Luken ausschneiden. Burgfräulein Bohne liebt die Sonne über alles. Hinten muß die Burg offenbleiben, weil das Burgfräulein Luft braucht und gegossen werden muß.
Braucht das Burgfräulein mehr Platz, als die Burg bietet, befestigt man Fäden, an denen sie ranken kann. Man kann den Topf ja auch jederzeit aus der Burg herausnehmen und dem Burgfräulein die Freiheit schenken. Wer einen Garten hat, freut sich sicher über diesen Zuwachs. Die Ernte gehört dem Erbauer der Burg. Das versteht sich von selbst. Und im nächsten Jahr werden die Bohnen erneut gesteckt und wachsen, ob mit oder ohne Burg, abermals mächtig in die Höhe.

Rätselecke

Gar wichtig ist's für jedermann,
so daß man's nicht entbehren kann.
Zum Waschen müssen wir es haben,
und sind wir durstig, soll's uns laben.
Es schwimmen drin die Fischelein –
nun ratet wohl, was mag das sein?

Das Wasser

**Es sieht aus wie eine Katze,
hat Haare wie eine Katze
und ist doch keine Katze.**

Der Kater

Welcher Hahn hat keine Federn?

Wasserhahn

Was hängt an der Wand und gibt jedem die Hand?

Handtuch

**Wer sitzt auf dem Dach und raucht,
daß man's weithin sieht?**

Schornstein

Es ist kein Tier und frißt Papier.

Reißwolf

Mal ist es heiß, dann hart wie Eis.

Wasser

Es hat vier Beine und kann nicht laufen.

Bett

Es hat viele Federn, fliegt aber nicht.

Federbett

Es schlägt und schlägt und schlägt,
hat aber keine Hände.

Uhr

**Er hat einen Kamm,
aber er kämmt sich nie.**

Hahn

**Er geht durchs Fenster, aber
das Fenster zerbricht nicht.**

Sonnenstrahl

Sein Nest ist im Baum, und es hüpft von
Ast zu Ast, aber ein Vogel ist es nicht.

Eichhörnchen

5⁰⁰ Uhr
10⁰⁰ Uhr
12⁰⁰ Uhr

Was macht die Sonne im Sommer?

Im Sommer steht die Sonne ganz früh auf und geht erst spät zu Bett. Basteln Sie mit Ihren Kindern einen Sonnenkalender, in den sie selbst zeichnen können, über welchem Baum oder Dach sie die Sonne zu einer bestimmten Uhrzeit sehen können. Auf diese Art können Kinder auch auf einfache Weise die Himmelsrichtungen lernen.

Die Sonne geht im Osten auf, steigt am Himmel empor und steht mittags an ihrem höchsten Punkt im Süden. Dann wandert sie wieder zum Horizont hinab und geht schließlich im Westen unter. Es dämmert und wird dunkel. Wer jedoch unsere Seiten über den Jahreskreis gelesen hat, der weiß, daß es nicht die Sonne ist, die wandert, sondern die Erde.

Tiere im Sommer

Kühe

Könnte man Kühe nach ihrer schönsten Jahreszeit fragen, würden sie bestimmt den Sommer nennen.
Sie dürfen dann draußen grasen und alles abweiden, was ihnen zwischen die Zähne kommt.
Auf dem Bild kann man ganz deutlich sehen, wie gerade ein Grasbündel im Maul der Kuh verschwindet. Sie hat im Oberkiefer keine Schneidezähne und muß mit der Zunge alles ausrupfen, was sie fressen möchte.

Kühen beim Fressen zuzusehen ist für Kinder immer ein Erlebnis. Kühe sind sehr sympathische Tiere. Und ihr Muhen klingt noch lange in den Ohren nach.

Eine Zunge wie ein Greifer

Die Zungen der Kühe können zulangen wie starke Männerhände.
Ausgewachsene Kühe fressen einen knappen Zentner Gras oder Klee täglich. Und täglich produziert jede von ihnen Milch für 40 Literflaschen oder einen ganzen Klumpen Butter, Quark oder Käse.
Die meisten Kühe werden heute elektrisch gemolken, und ihre Milch wird in Fabriken weiterverarbeitet. Nur wenige Bauern machen das noch selbst.
Auf vielen Wochenmärkten wird heute wieder Milch oder selbstgemachte Butter direkt vom Bauernhof angeboten . Probieren Sie einmal mit Ihren Kindern, wie gut und frisch das schmeckt.
Lange Zeit waren Kühe nicht nur als Produzenten von Milch oder Fleisch gefragt, sondern dienten den Menschen als Zugtiere. Sie wurden einzeln oder zu zweit vor den Pflug gespannt und zogen geduldig Furche um Furche in den Ackerboden. Für die Bauern waren sie unentbehrlich. Auf diese Weise entwickelte sich eine ausgeprägte Zuneigung der Menschen zu diesem Tier.

Sonnenblumen

Sonnenblumen sind Sonnenanbeter und richten sich stets nach der Sonne aus. So kommt es, daß alle Sonnenblumen auf den Feldern immer in eine Richtung schauen – wie eine brave Schulklasse, die ihren Lehrer fest im Blick hat.

Sonnenblumen werden immer beliebter. Fand man jahrelang nur einzelne davon in ländlichen Gärten, so trifft man heute immer öfter auf riesige Sonnenblumenfelder. Sonnenblumen leben nur einen Sommer lang. Im Frühjahr werden sie neu gesät. Sie wachsen sehr schnell, und manche werden höher als zwei Meter.
Die Köpfe der Sonnenblumen sehen aus wie Köpfe riesiger Gänseblümchen. Trotz seiner Schwere von manchmal mehreren Pfunden trägt die Sonnenblume ihren Blütenkranz fast erhobenen Hauptes.
Der stabile, rohrartige Stengel macht es möglich. Die Sonnenblume hat oft riesige Blätter, die sich so rauh anfühlen wie Schmirgelpapier. Am Ende des Sommers vertrocknet der gelbe Blütenkranz der Sonnenblumen, und ein Korb voller Kerne wird sichtbar. Die Vögel erscheinen scharenweise und picken, was sie erhaschen können. Doch bald fährt der Bauer die Ernte ein und läßt nur noch wenige Kerne auf dem Acker zurück.

Sonnenblumen sind auch Nutzpflanzen

Die Sonnenblumenkerne werden geerntet und zu einem Öl verarbeitet, das in der Küche gerne verwendet wird. Das Öl ist auch wesentlicher Bestandteil der Margarine, die deshalb ein rein pflanzlicher Brotaufstrich ist. Pflanzliche Fette und Öle – also auch das Sonnenblumenöl – enthalten wertvolle Biostoffe, die für die Gesundheit wichtig sind. Sonnenblumenkerne werden aber auch roh gegessen oder dem Brotteig beigemengt. Schließlich sind sie auch Bestandteil des Vogelfutters, mit dem die Vögel in harter Winterszeit von den Kindern versorgt werden.

Äpfel

Bei alledem, was der Sommer zu bieten hat, kommen sie gelegentlich ein wenig zu kurz: die vielen wunderbaren einheimischen Apfelsorten. Sie alle stammen von Wildapfelarten aus Europa und Asien ab. Ein Ergebnis der Kreuzung dieser Arten ist beispielsweise der grasgrüne Granny Smith, der aus Australien auf unseren Tisch kommt.
Früher war es üblich, das Fallobst aufzulesen und daraus frischen Saft zu pressen. Heute sieht man in manchen Gegenden Bäume, die gar nicht mehr abgeerntet werden, weil das Pflücken zu teuer ist.
Wer auf solche Bäume trifft, sollte das Fallobst auflesen und wirklich einmal ausprobieren, wie so ein frischer Apfelsaft schmeckt. Man schneidet das Faule heraus und die Früchte in so große Stücke, daß sie in den Mixer passen. Das Püree in ein Tuch binden und über einen Topf hängen. Gelegentlich etwas drücken und den Saft bald trinken, weil er sonst zu gären beginnt.

Lassen Sie Ihre Kinder erleben, wie verschiedene Äpfel schmecken. Auf den Wochenmärkten werden noch die alten Sorten angeboten, ungespritzt und nicht genormt.

Äpfel, Lieblinge in der Küche

Apfelkompott mit Zucker und Zimt, Bratäpfel, Apfelpfannkuchen, Apfelauflauf mit Reis oder getrocknete Apfelringe sind nur ein paar Beispiele dafür, wie vielfältig Äpfel in der Küche Verwendung finden.
In manchen Gegenden wird aus Äpfeln sogar Wein gemacht. Zur guten Küche gehört auch der Apfelessig. Unsere Großmütter ließen keinen Apfel alt werden.
Feine Gelees und herzhafte Marmeladen, oft vermischt mit anderen Sommerfrüchten, gab es den ganzen Winter über auf jedem Frühstückstisch.

Mein kleiner Sommergarten

Wenn tagsüber die Sonne heftig auf die Pflanzen scheint, sollte man auf das Gießen verzichten. Die Pflanzen könnten verbrennen. Am besten ist es, wenn man erst nach Sonnenuntergang wässert.

Ein Königreich für einen eigenen Blumentopf! Rechteckig sollte er sein und mindestens 30 Zentimeter lang. Ein Säckchen Blumenerde kostet nicht die Welt. Und kaum eine Wohnung ist ohne Fensterbank. Was also steht einem eigenen kleinen Garten im Wege?

Zum Pflanzen eignen sich am besten einjährige Blumensetzlinge, die einfach zu pflegen sind, oder Ableger. Efeu gibt dem kleinen Garten die Fülle. Wird er gut gepflegt, bekommt er genügend Licht und Luft und nicht zuviel Wasser, kann er viele Jahre halten. Dann braucht er allerdings ein eigenes Quartier. Das fleißige Lieschen macht seinem Namen meist alle Ehre und blüht den ganzen Sommer über. Kleinwüchsige Sonnenblumenstecklinge gibt es beim Gärtner oder auf dem Wochenmarkt. Sehr gut eignen sich für Kinder auch alle Kleesorten. Stiefmütterchen sind zweijährig, aber sie in einem Blumentopf über den Winter zu bringen ist recht schwierig. Doch den Sommer über sind sie meist sehr blühfreudig. Ein Basilikumpflänzchen, Petersilie oder Schnittlauch im Topf macht aus dem Minigarten schon fast einen Nutzgarten. Die Kinder können ernten und beobachten, wie alles nachwächst.

In der Wohnung mag keine einjährige Pflanze gedeihen. Das Mindestangebot ist in der Tat ein Fensterbrett vor dem Fenster. Auf der Wetterseite muß der kleine Garten sicher befestigt werden, auf der Sonnenseite muß man ihn gelegentlich vor allzu viel Sonne schützen. Gegossen wird abends. Ab und zu einmal nachschauen, ob Läuse auf den Pflanzen sitzen. Einfach abspülen. Marienkäfer sind dagegen herzlich willkommen.

Bastelspaß

Annas Hutladen

In Annas Hutladen ist Sommerschlußverkauf. Da hat sogar der kleine Bär etwas Passendes für sich entdeckt.
Die Mützen in Annas Hutladen hat die Mutter von Anna gestrickt und einen Bommel daraufgesetzt. Einige Hüte und Kappen sind gehäkelt. Man muß nur den richtigen Erwachsenen finden, der Spaß an solchen Handarbeiten hat, dann füllt sich der Laden rasch.
Kleine Bast- und Strohhüte gibt es in Bastelläden zu kaufen. Man muß sie nur noch mit viel Fantasie verzieren. Aus Pappe kann man Hüte selber machen. Das ist gar nicht so schwer. Die Zeichnungen auf den folgenden Seiten zeigen, wie es gemacht wird.
Viel Spaß beim Basteln!

Hier gibt es Hüte für jede Gelegenheit. Eine Bastel- und Spielidee für Sommertage, an denen es draußen regnet.

Die Hüte

So wird's gemacht

- Auf einen reißfesten Karton zwei Kreise zeichnen, etwa fünf Zentimeter im Durchmesser. In die Mitte der Kreise ein Fünfmarkstück legen und mit dem Bleistift umkreisen. Kleine und große Kreise ausschneiden. Die großen Kreise mit dem Loch in der Mitte sind der doppelte Hutrand, die kleinen Kreise werden als Hutboden verwendet.

- Dann einen Streifen von etwa zwölf Zentimeter Länge und sechs Zentimeter Breite schneiden. An beiden Längsseiten einen Zentimeter umbücken, einmal nach vorn, einmal nach hinten.

- Die umgebückten Teile vom Rand zur Bruchkante fein in Fransen schneiden, etwa einen Millimeter breit.

- Dann den Streifen rollen und in den Hutrand einpassen, seitlich zukleben.

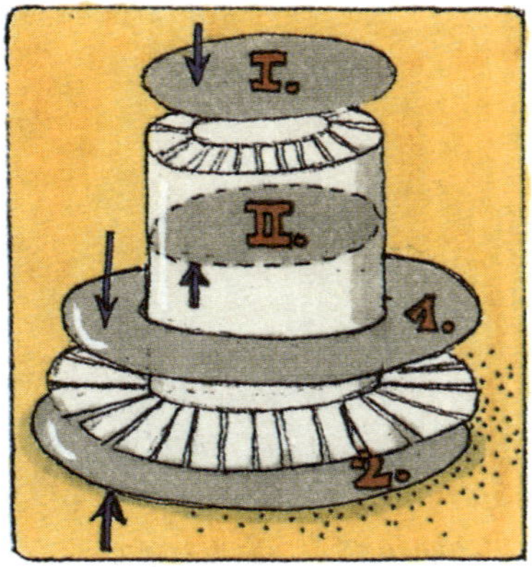

- Die nun rund um den Hutrand gespreizten Fransen festkleben und den zweiten Hutrand darüberkleben. Jetzt ist von den Fransen nichts mehr zu sehen.

- Am oberen Teil die Fransen nach der Mitte bücken und einen Hutboden darüberkleben, den zweiten von innen dagegen. Fertig.

Man kann die Hüte natürlich variieren, auch größer oder kleiner machen, sogar in Kinderkopfgröße herstellen und nach Herzenslust verzieren. Die nebenstehenden Zeichnungen zeigen Schritt für Schritt, wie die Hüte für Annas Hutladen hergestellt werden.

Der Laden

So wird's gemacht

• Der Hutladen besteht aus einem Schuhkarton, an dessen oberstem Rand eine Spitze befestigt wurde, damit er wie ein toller Laden aussieht. Die grünen Wolken sind aufgeklebt. Mit doppelseitigem Klebeband haften dort die Hüte.

• Theke und Regale bestehen aus kleinen Schachteln, zum Teil aus Streichholzschachteln. Was wäre ein Hutladen ohne Spiegel? Damit er stehen kann, wird ein kleiner Spiegel auf eine Schachtel geklebt.

• Stoffreste, Bändchen, Spitzen, Federn, kleine Päckchen und Tüten bringen Atmosphäre in das Hutgeschäft.

• Nun noch die Hüte schön anordnen – fertig ist der Laden.

Ein Sonnenschirm gehört auch dazu

So wird's gemacht

• Ein quadratisches buntes Papierstück in Viertel falten, danach in Achtel, dann in Sechzehntel. Am Rand einen Bogen schneiden, so daß der Schirm 16 Bögen hat.

• Auffalten und ein Sechzehntel herausschneiden, dann die beiden Schnittstellen zukleben.

• Der Schirm kann noch mit Punkten verziert werden.

• Nun braucht er noch ein Schaschlikstäbchen, das durch die Schirmspitze gebohrt wird, und einen Fuß, der aus einem Korken oder einer kleinen Holzscheibe besteht.

Die Krims-krams-Kim-Kate

Kim-Spiele schulen die Beobachtungsfähigkeit, die Konzentration und Merkfähigkeit. Außerdem sind Kim-Spiele bei Kindern sehr beliebt.

Die Krimskrams-Kim-Kate ist ein Schuhkarton mit ein oder zwei Eingängen, so groß, daß Kinderhände bequem hineinlangen können, so eng aber auch, daß Einblicke nicht möglich sind.
Damit die Kate wie eine Kate aussieht, braucht sie ein Dach, das auf den Deckel des Schuhkartons aufgeklebt wird. Und damit die Krimskrams-Kim-Kate fröhlich aussieht, wird sie nach Herzenslust beklebt oder mit Plakatfarbe bemalt.

Die schönsten Kim-Spiele

• Alle Kinder betrachten sich vor dem Spiel die Gegenstände, die nach dem Betrachten in das Haus eingelagert werden.

• Dann wird die Spielregel festgelegt. Wird mit nur einer Hand getastet oder mit beiden? Kleinere Kinder tasten besser zweihändig, weil sie dann eher Erfolg haben. Sollen Pärchen gefunden, einzelne Gegenstände ertastet und benannt werden, oder soll blitzschnell eine bestimmte Anzahl von kleinen Dingen gegriffen werden? Wer ist der Verlierer, wer der Gewinner, oder gibt jedes Kind, dessen Hände sich in der Schachtel geirrt haben, gleich ein Pfand ab, das später wieder ausgelöst wird? Pfänder auslösen macht sehr viel Spaß.

Zwei Gummibärchen in der Kate könnten der Sofortlohn für die Lösung der Aufgabe sein. Größere Kinder, die schon zu warten gelernt haben, bekommen für jede gelöste Aufgabe einen Punkt und für zehn Punkte eine kleine Belohnung.

• Es wird reihum gespielt. Wer die Aufgabe gelöst hat, legt seine »Beute« aus der Krimskrams-Kim-Kate vor sich hin. Wer seine Aufgabe nicht gelöst hat, legt die Gegenstände ins Haus zurück und gibt, wenn die Spielregel so festgelegt wurde, ein Pfand ab.

• Folgende Gegenstände eignen sich für Kim-Spiele in der umgebauten Schuhschachtel. Knöpfe – paarweise ertasten. Je kleiner die Mitspieler sind, desto imposanter müssen die Pärchen sein. Erbsen, Bohnen, Linsen. Die Aufgabe lautet dann: Bring von jeder Sorte eine! Oder zwei. Oder von der Sorte eine, von jener zwei und von der nächsten drei. Herbstfrüchte – Kastanien, Eicheln, Nüsse in der Schale, Bucheckern, Blätter, Ästchen usw. tasten.

• Für kleinere Kinder eignet sich ein Krimskrams-Sortiment von sehr unterschiedlichen Tastqualitäten: zwei Stückchen Fell, zwei Stückchen Schmirgelpapier, zwei

Beim Pfänderauslösen ist alles erlaubt, was originell und witzig ist. Einfach drauflos spielen und Spaß haben.

Steine, zwei Kastanien, zwei Holzstückchen, zwei Watteballchen, zwei Gummibärchen usw. Die Kinder sind sehr stolz, wenn sie ein Pärchen ertastet und durch den Eingang gezogen haben. Wurde kein Pärchen ergattert, werden die Gegenstände ganz einfach in die Kate zurückgelegt. Vielleicht klappt es ja in der nächsten Runde!

»Wem gehört das Pfand in meiner Hand?«

Wurde mit Pfändern gespielt, müssen die Dinge an ihren Besitzer zurückgegeben werden. Aber wie? Alle Pfänder liegen in einem Korb hübsch beieinander. Der Spielleiter verkündet, was der erste tun muß, der sein Pfand zurückhaben will. Wenn alle Kinder das akzeptiert haben, darf ein Kind, ohne hinzusehen, in den Korb greifen und den Gegenstand sichtbar hochhalten. Dabei sagt es laut: »Wem gehört das Pfand in meiner Hand?« Der Besitzer muß ausführen, was vorher beschlossen wurde. Danach erhält er sein Pfand zurück. Dann kommt das nächste Kind dran. So reihum, bis der Korb leer ist.

Das Auslösen der Pfänder ist ein eigenständiges Spiel und sollte ohne Hektik ablaufen. Die Aufgaben sollten so gestellt werden, daß sie mühelos, aber wirklich fröhlich gelöst werden können. Bei diesem Spiel darf es keinen Verlierer geben, denn jedes Kind möchte ja schließlich sein geliebtes Pfand zurückhaben.

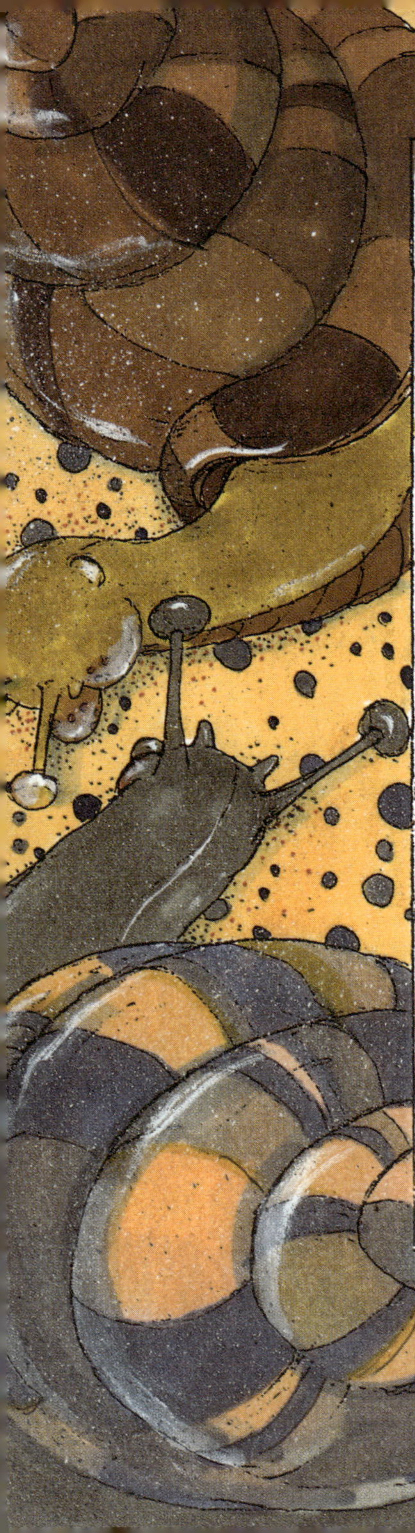

Wenn Schnecken abreisen

Bei Köln am Rhein, wo's nach Düsseldorf geht,
saßen zwei Schnecken in einem Beet.
Sie saßen im Beet von Frau Habersaat
und waren vergnügt und aßen Salat.

Da sprach die eine zur andern:
»Schwester, wir wollen wandern!
Wir wollen wandern, wir wollen gehn,
bis wir die Türme von Bamberg sehn!«

Drauf rief die andere: »Susewitt,
herzliebe Schwester, ich komme mit!«
Sie zogen hinweg nach diesem Wort,
und jede nahm ihr Haus mit sich fort.

Nach Bamberg zu kriechen von Köln am Rhein,
hundert Jahre lang querfeldein,
das ist fürwahr eine große Tat!
Was meinen Sie, Frau Habersaat?

Was ich dazu meine? Ich sage bloß:
»Dem Himmel sei Dank! Ich bin sie los!«

Josef Guggenmoos

Rätsel

Alle Tage
geh' ich aus,
bleibe dennoch
stets zu Haus.

Wer bin ich?

Eine Schnecke

Bastelspaß zum Verschenken

Das Handtuchkrokodil vom Nil

Originell und praktisch – ob als Geschenk für die Eltern oder als Mitbringsel fürs Kinder-Sommerfest. Das Handtuchkrokodil kommt immer an.

Ein originelles Geschenk ist dieses Handtuch, das sich als Krokodil getarnt hat.
Darüber freuen sich Kleine genauso wie Große, weil man im Sommer – wenn es zum Baden geht – nie genug Handtücher haben kann. Es ist schnell gebastelt, so daß man einen guten Freund damit überraschen kann.

So wird's gemacht

- Ein Handtuch der Länge nach vor sich hinlegen, die langen Kanten zur Mitte hin einschlagen und zusammenklappen. Der schmale Handtuchstreifen besteht jetzt aus vier Schichten und entwickelt sich bald zu einem molligen Krokodil.

- Streifen falten und Kanten nach innen bücken. Das Krokodil hat jetzt ein offenes Maul.

- Ein andersfarbiger Waschhandschuh wird umgebückt und dem Krokodil als Rachen ins offene Maul geschoben. Seitlich etwas raffen und mit einem Faden heften.

- Die bösartigen Zähne aus Papier und die Zunge aus einem Stoffrest schneiden. Mit einem Faden anheften.

- Kugelknöpfe anheften oder mit langen Stecknadeln befestigen.

Viel Spaß mit dem Handtuchkrokodil!

Bastelspaß

Kleine Bilder für die große Wand

Es gibt kaum etwas, was sich nicht einrahmen läßt. Es muß nur klein sein und das Herz daran hängen. Kleine Rahmen gibt es in alternativen Läden, oder man nimmt hölzerne Gardinenringe. Glas ist nicht notwendig. Rahmen kann man auch aus Ton oder Salzteig machen und anmalen oder Muster einkerben. Je vielfältiger die Rahmen und Motive, desto eindrucksvoller. Am besten befestigt man die Bildergalerie auf einer Pinnwand oder auf farbigem Karton. Löcher in der Tapete sind meist nicht willkommen. Klebstreifen tun es auch.

Kinder entwickeln die tollsten Ideen, wenn sie erst einmal auf den Geschmack einer solchen Bilderwand gekommen sind. Vor allem aber: Sie dürfen selbst bestimmen, was an der Wand hängt und was sie gleich morgen wieder ent-rahmen.

Was man alles rahmen kann

- Münzen aus dem Urlaub
- Muscheln und Steinchen
- Briefmarken
- Mini-Puppengeschirr
- Postkarten (aber nur solche, die zerschnitten werden dürfen)
- Setzkastenfiguren
- Alle liebenswerten Fotos von sich selbst und anderen
- Gedichte und Briefchen
- Milchzähne, Haarlocken, Stoffreste, Stickereien, Perlen u. v. m.

Solch eine Bildergalerie ist auch ein Geschenk, über das sich jeder freut, wenn man vorher ein wenig geforscht hat, was der andere gerade besonders mag, was er sich wünscht oder sammelt.

CUBA aereo 1978

Bastelspaß zum Verpacken

Ein Würfel für alle Fälle

Diese originelle Verpackung ist eigentlich ein selbständiges Geschenk, das nur ganz dicke Freunde verdient haben.

Dieser Geschenkkarton kann es in sich haben, nämlich noch einen und noch einen und noch einen. Und manchmal noch einen. Je nach Größe des Geschenks. Wenn alle ineinandersteckenden Würfel gut zugeklebt sind, wird das Auspacken zur reinen Nervensache. Aber es lohnt sich bestimmt.

So wird's gemacht

- Man zeichnet auf Bastelkarton einmal drei und einmal vier Quadrate hintereinander auf. Jedes Quadrat bekommt seitlich eine Lasche, so wie es auf den Zeichnungen 1 und 2 auf den nächsten Seiten zu sehen ist.
- Wer viele Würfel möchte, zeichnet die nächsten Quadrate jeweils anderthalb Zentimeter kleiner oder größer, so daß die Würfel ineinanderpassen. Der Würfel auf dem Bild mißt 16 Zentimeter im Quadrat.
- Quadrate und Laschen ausschneiden und das mittlere Quadrat der Dreierreihe unter das dritte der Viererreihe kleben, wie Zeichnung 3 zeigt.
- Seiten hochstellen und je eine Lasche nach innen und eine nach außen kleben, je nach gewünschtem Farbeffekt. Siehe Zeichnung 4.
- Würfel mit Punkten versehen oder sonstwie verzieren. Man kann sogar den Inhalt eines Lochers auf Klebestellen auftragen.
- Geschenk in den passenden Würfel legen und zukleben.
- Dann in den nächstgrößeren setzen. Zukleben.
- Der letzte Würfel wird beschriftet, damit der Empfänger auch weiß, wer gemeint ist.

Das wird zum Basteln benötigt:

farbiger Bastelkarton, Klebstoff, Schere und Bleistift.

1.

Die Quadrate aufzeichnen und die Kanten ritzen.

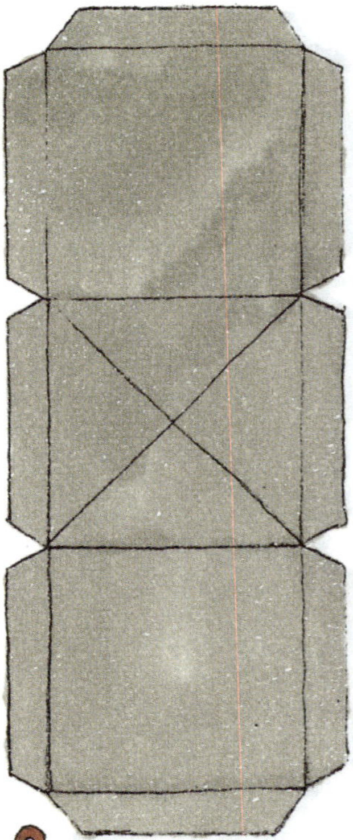

2.

So sieht die Dreierreihe aus. Jedes Quadrat erhält seitlich eine Lasche.

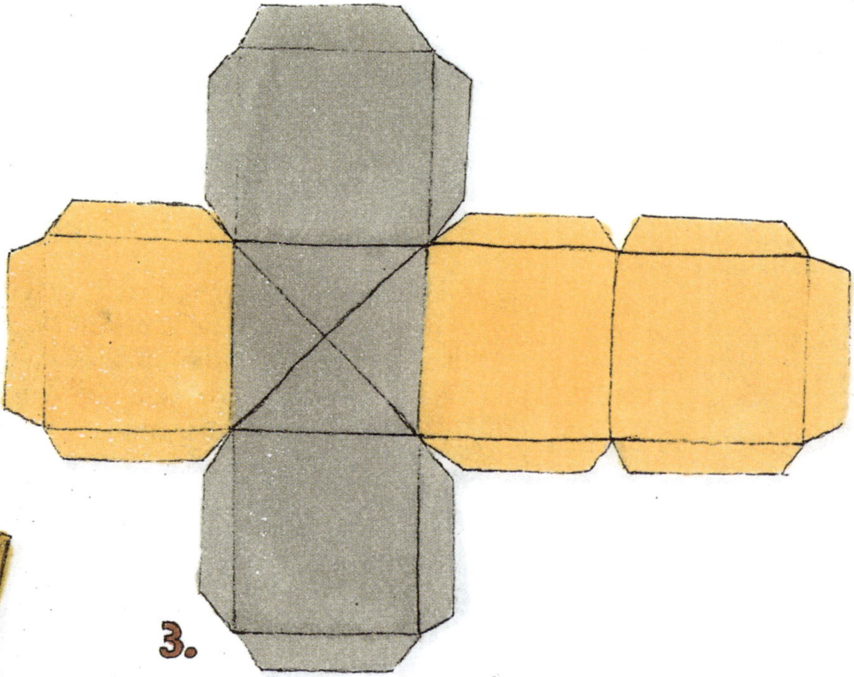

3.

Das mittlere Quadrat der Dreierreihe unter das dritte der Viererreihe kleben.

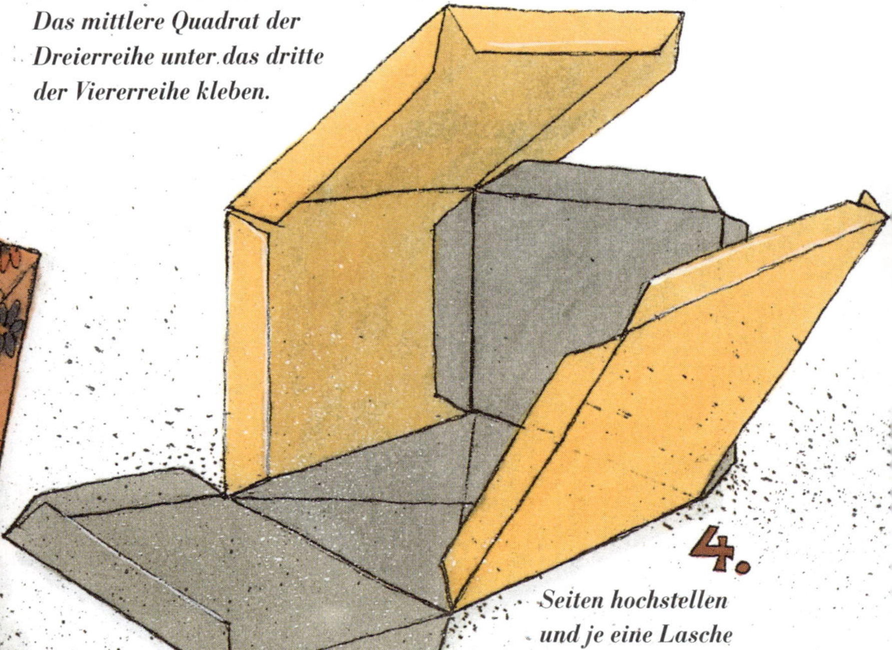

4.

Seiten hochstellen und je eine Lasche nach innen und eine nach außen kleben.

Die Jahreszeit erleben

Am Wasser

Planschbecken, Gießkanne und Plastikeimer dürfen bei sommerlichen Wasserspielen nicht fehlen. Das höchste Glück aber besteht darin, Wasser, Sand und Steine »satt« zur Verfügung zu haben.

Sand und Steine gehören zu den vielfältigsten Spielzeugen, die es gibt. Dazu noch etwas Wasser, und das Kind fühlt sich wie im Paradies. Beide Materialien bieten vielfache Reize. Sie fordern dazu auf, daß man sie anfaßt, fühlt, damit baut und herummatscht.

Steine

Steine haben die unterschiedlichsten Formen. Sie sind hart, groß oder klein, rundlich oder eckig. Man kann mit ihnen bauen, sie aufeinander türmen, hintereinander zu einer Schlange oder anderen Gebilden legen. Im Wasser werden aus grauen Steinen wunderschön farbige »Edelsteine«. Flache Steine kann man auf dem Wasser hüpfen lassen. Man muß nur darauf achten, daß sie im flachen Winkel auf die Wasseroberfläche treffen. Mit roten Ziegelsteinen läßt sich sogar auf Kieselsteinen malen. Runde, gleich große Steinchen kann man fast wie Murmeln verwenden.

Sand

Ein ebenso kreatives Element ist der Sand. Auch die Sandkörner waren ursprünglich einmal große Steine. Der Zahn der Zeit hat sie zu kleinen Körnern gemahlen. Mit Sand läßt sich matschen, werfen, bauen. Man kann ihn sieben, über den Körper rieseln lassen, damit Burgen, Murmelbahnen oder Straßen bauen. Mit Wasser vermischt wird er schwer, aber leichter formbar. Wer hat Lust, sich einmal bis zum Hals einbuddeln zu lassen?

Kindersand

Das Schönste für Kinder ist Sand.
Ihn gibt's immer reichlich.
Er rinnt unvergleichlich
Zärtlich durch die Hand.

Weil man seine Nase behält,
Wenn man auf ihn fällt,
Ist er so weich.
Kinderfinger fühlen,
Wenn sie in ihm wühlen,
Nichts und das Himmelreich.

Denn kein Kind lacht
Über gemahlene Macht.

Joachim Ringelnatz

Wer sich im Wasser sicher fühlt und nicht friert, begreift bald, wie herrlich sich mit und in diesem Element spielen und toben, planschen und rudern läßt.

Mindestens anderthalb Meter Durchmesser soll das Gesicht haben, das in den Sand »gemalt« wird. Die Umrißlinien werden zu kleinen Gräben erweitert und vertieft.

Das Gesichter-Wurfspiel

Dieses Spiel läßt sich besonders gut am feinen Sandstrand spielen. Genausogut geht es aber auch in einem großen Sandkasten. Man braucht dazu nur einen kleinen Ball oder einen größeren Kieselstein.
Zuerst wird ein Gesicht von etwa anderthalb Meter Durchmesser in den Sand gemalt: mit zwei großen Augen, einer runden Nase, einem lachenden Mund, zwei abstehenden Ohren und drei bis vier Haaren auf dem Kopf. Dann hebt man die Umrißlinien zu Gräben aus. Sie müssen so breit und tief sein, daß der Ball in sie hineinfallen kann. Jetzt kann es losgehen!
Ein Stück vom Gesicht entfernt wird eine Linie gezogen, von der aus abwechselnd geworfen wird. Je nachdem, wohin das Kind trifft, bekommt es Punkte:
daneben = 0 Punkte; Gesichtsumrandung = 1 Punkt; Mund = 2 Punkte; Nase = 3 Punkte; Augen = 4 Punkte; Ohren = 4 Punkte; Haare = 5 Punkte.
Es wird fünf Runden gespielt. Wer die meisten Punkte hat, hat gewonnen.

Für den Sandstrand eignet sich auch folgendes Spiel: In den Sand wird ein Kreis mit ca. einem Meter Durchmesser gezeichnet. Der Reihe nach geht nun jedes Kind mit verbundenen Augen so weit, bis es glaubt, in der Mitte des Kreises zu stehen. Der Standplatz wird markiert, und gewonnen hat der, der dem Mittelpunkt am nächsten kommt.

Hafenbau am Steinestrand

Am Flußufer oder aber an einem steinigen Strand lassen sich die tollsten Hafenanlagen bauen. Mit großen Steinen wird zunächst ein Hafenbecken errichtet. Die Ausfahrt aus dem Hafen sollte immer quer zur Flußrichtung liegen, weil sonst die Schiffe zwar in den Hafen hinein-, aber gegen die Strömung kaum mehr hinauskönnen. In das Hafenbecken kann man Molen bauen, an denen die Schiffe anlegen können.
Vor der Hafeneinfahrt sollte ein großer Leuchtturm stehen. Er warnt die Schiffe bei Sturm und zeigt ihnen den Weg in den sicheren Hafen.
Eine andere Möglichkeit ist, ein ganzes Hafenlabyrinth zu bauen, in dem sich die Schiffe leicht verirren können. Wer findet als erster wieder hinaus?

Steintürmchenwurf:
Nebeneinander werden drei Türmchen aus vier bis sechs flachen Steinen aufgebaut. Aus einigen Metern Entfernung darf dann auf die Türmchen geworfen werden. Alle Steine müssen aus ihrer Position geworfen werden.

Am Hafen ist immer etwas zu reparieren. Stundenlang, wenn es das Wetter erlaubt, können sich Kinder mit ihrem Steinhaufen, mit Wasser und Sand beschäftigen.

Fit für den Sommer

Schwimmen

Schwimmen zu können ist der Traum aller Kinder. Fachleute wissen: Je früher ein Kind schwimmen lernt, desto besser. Ein Kind, das schwimmen kann, lebt weniger gefährlich, und es profitiert an Körper und Seele. Schwimmen stärkt das Selbstbewußtsein, aber auch die Wirbelsäule und die Muskulatur des gesamten Körpers.

- Wer schwimmen will, muß Wasser mögen.
- Wasser kann man nur mögen, wenn man nicht friert.
- Wer bis über die Schultern im Wasser steckt, friert weit weniger als jemand, der nur zögerlich mal diesen, mal jenen Körperteil ins Wasser hält.
- Kleine Kinder nimmt man am besten auf den Arm, drückt sie fest an sich und geht so durch das Wasser, daß der Kopf herausschaut. Kinder müssen alles neugierig betrachten können. Das ist wichtig.
- Hat das Kind Spaß an diesem Spaziergang durchs Wasser gefunden, kann man es unter den Achseln fassen, anschauen und ein wenig aus dem Wasser heben. Dabei ermuntert man es zu laufen, zu strampeln oder zu treten. Das Kind merkt, daß es etwas bewegen kann, nämlich die Wassermassen unter seinen Beinen und Füßen. Zusätzlich kann man das Kind schwenken und mit ihm das Wasser regelrecht umherrühren, solange es Spaß macht!
- Hat das Kind noch immer Vergnügen am nassen Element, kann man es, nach Tagen oder Wochen, über die eigenen Unterarme legen, bäuchlings und so, daß Kopf, Arme und Beine frei beweglich sind. Geht man dabei wieder im Wasser spazieren, wird das Kind mitrudern.
- Da die Beinbewegungen meist problemlos ablaufen, braucht das Kind Anreize, auch die Arme zu bewegen.

Es gibt kaum etwas, das beim Schwimmenlernen schädlicher ist als der Ehrgeiz der Eltern. Wasser ist ein großes Vergnügen. Schwimmen ist eine Möglichkeit, das Vergnügen zu steigern.

Für Kinder, die schon mit dem Wasser vertraut sind und wenigstens etwas schwimmen können, sind Schwimmreifen oder Luftmatratzen die idealen Spielzeuge beim Baden.

Am besten geht das, wenn eine zweite Person in der Nähe steht und das Kind mit ausgestreckten Armen lockt. Ganz instinktiv wird es nun Arme und Beine bewegen, um die andere Person zu erreichen.

- Wenn das Kind begriffen hat, daß es im Wasser etwas tun kann und das Wasser gewissermaßen gehorcht, kann man es in einen Schwimmring stecken, durch den es nicht hindurchrutschen kann. Unter den Achseln muß er gut sitzen. An die Ärmchen kommen Schwimmflügel. Nun kann das Kind der Länge nach im Wasser stehen. Man kann eine Hand unter sein Kinn legen und es sachte durchs Wasser ziehen.
- Eine zweite Person lockt wieder das Kind an. Kommt es angepaddelt, wird es gelobt, umgedreht und wieder von der ersten Person angelockt. Ein Meter zwischen beiden Personen ist optimal. Später wird der Abstand vergrößert. Zur Sicherheit hat ein Erwachsener stets die Hand unterm Kind oder unterm Bauch des Kindes.
- Wenn das Kind im ersten Sommer Spaß am Wasser bekommt, im zweiten mit Schwimmhilfen paddelt, wird es im dritten vermutlich frei schwimmen. Jeder Ehrgeiz ist schädlich, Freude hingegen der beste Lehrmeister.

Viel Spaß macht es, wenn man sich den Schwimmlehrling auf Brust oder Rücken legt und mit kräftigen Zügen oder gemütlichem Treibenlassen das Schwimmbecken durchquert. Das Kind fühlt die rhythmischen Bewegungen und wird sie bald schon zu imitieren versuchen. Geduld ist angesagt.

Wir feiern den Sommer

Sonntagsfrühstück

Ein kunterbuntes Frühstück mit der ganzen Familie macht riesigen Spaß. Dabei kann man sich den Sommer auf den Tisch holen. Dazu braucht man nur ein bißchen Phantasie und gute Laune. Alle können mithelfen!

Am schönsten ist es natürlich, draußen auf dem Balkon, der Terrasse oder in der Wiese zu sitzen. Sonnenschirm nicht vergessen und etwas zum Schutze der Speisen gegen Wespen und andere Insekten.

Und das ist die Speisekarte

»Tierische« Sonntagsbrötchen
Melonen-Beeren-Blume mit Zitronenquark
Selbstgemachtes Müsli
Gänseblümchen-Brotaufstrich
Schoko-Kirsch-Milch-Mix

»Tierische« Sonntagsbrötchen

Zutaten

100 g Dinkelmehl • 250 g Weizenmehl
1 Päckchen Trockenhefe • 125 ml warmes Wasser
1 EL Öl • 1 TL Salz • 1 EL Sesamsamen
1 EL Leinsamen • Rosinen • Eigelb zum Bestreichen

Zubereitung

- In einer Schüssel werden das Mehl, die Hefe, das Salz und das Öl vermischt. Nun gibt man langsam das Wasser dazu und knetet den Teig gut durch. Er darf weder an den Händen kleben noch zu trocken sein.
- Dann formt man verschieden große Teigkugeln –

die größten können mandarinengroß sein.

• Auf einer bemehlten Arbeitsfläche werden aus den Kugeln Tiere zusammengesetzt: Frösche, Bären, Schildkröten, Igel ... Der Phantasie sind hierbei keine Grenzen gesetzt. Die einzelnen Körperteile können mit etwas Wasser aneinandergeklebt werden.

• Danach werden die Tiere auf ein gebuttertes Blech in einigem Abstand voneinander gelegt. Etwa eine Stunde an einem warmen Ort ohne Zugluft gehen lassen.

• Wenn der Teig gegangen ist, kann man mit einem Messer Verzierungen in die Tiere ritzen. Wo man Augen haben möchte, kann man Rosinen eindrücken. Mit Sesam und Leinsamen lassen sich Fellstrukturen erzielen. Die Igelstacheln können aus dem Teig herausmodelliert werden.

• Zum Schluß werden die Brötchen mit Eigelb bestrichen.

• Und dann im vorgeheizten Backofen bei 230 °C ungefähr 30 Minuten schön knusprig gebacken.

Melonen-Beeren-Blume mit Zitronenquark

Zutaten

1 Honig- oder Netzmelone • 1 Pfd. Erdbeeren, Himbeeren, Johannisbeeren, einzeln oder gemischt, je nach Lust und Laune • 1 Zitrone • 500 g Magerquark 3–4 EL Zucker • 0,2 l süße Sahne

Zubereitung

- Eine kalte Melone in acht Spalten schneiden, Kerne entfernen und auf einer großen Platte blütenförmig anrichten. Beeren waschen, abtropfen lassen und zwischen den Spalten verteilen.
- Für den Quark preßt man die Zitrone aus und reibt etwas von ihrer Schale (vorher abspülen) ab Der Saft und die geriebene Zitronenschale werden zusammen mit dem Zucker in den Quark gerührt.
- Die Sahne wird steif geschlagen und unter den Quark gezogen. Umrühren, fertig!

Selbst-gemachtes Müsli

Zutaten
300g Haferflocken • 200 g Cornflakes • 3 EL Hirse • 3 EL Sesam • 1 EL Leinsamen • 3 EL Kokosflocken • 1 EL Sonnenblumenkerne

Zubereitung
• Alle Zutaten gut vermengen und trocken in einem gut verschließbaren Behälter aufbewahren. Das Müsli schmeckt besonders lecker, wenn man es mit Orangensaft, Joghurt oder Milch anmacht.

Gänseblümchen-Brotaufstrich

Zutaten
Frische Gänseblümchenblüten aus dem Garten, Kekse

Zubereitung
• Gänseblümchenblüten waschen und darauf achten, daß der Stiel ganz entfernt ist.
• Den Keks in die Mitte eines flachen Tellers legen und mit den Gänseblümchen eine Blüte rund um den Keks legen.

Schoko-Kirsch-Milch-Mix

Zutaten
500 ml Frischmilch
80 ml Kirschsaft
1 TL Kakao
80 ml süße Sahne

Zubereitung
• Alle Zutaten in ein Gefäß geben, gut mixen und gekühlt servieren – zum Wohl!

Entdecken und staunen – im stillen Wald

Geben Sie Ihrem Kind die Gelegenheit so einen geheimen Ort zu entdecken, wo es der Natur ohne großes Aufheben begegnen kann, wo es die Farben sieht, Stille erfährt und den Sommer riechen und schmecken kann.

Wer den Sommer riechen, schmecken, hören, sehen und fühlen möchte, der muß ihm leibhaftig begegnen. Irgendwo da draußen, wo sich die Füchse gute Nacht sagen und die Menschen die Natur in Ruhe lassen, ist ein geheimes Fleckchen, an dem der Sommer nur den Kindern gehört.

Um dieses Fleckchen Kinderland wieder und immer wieder zu finden, legt man sich am besten eine Wanderkarte an. Dort trägt man alles ein, was wichtig ist, um die ganz besondere Stelle, an die einen beim ersten Mal meist der Zufall geführt hat, auch wirklich wiederzufinden. Hier ein verkrüppelter Baumstamm, dort eine Futterkrippe, dann der Blick auf einen Anstand rechts, links um den mit Laub bedeckten Hügel bis zum Bach und dann noch 30 Schritte bachaufwärts.

Ein geheimes Plätzchen

Je öfter diese Stelle besucht wird, desto besser kann man das Leben dort wirklich kennenlernen, Veränderungen in der Natur bemerken und die Jahreszeiten spüren.

Der Geheimplatz ist ideal, um Dinge zu verstecken, die nur Kinder etwas angehen. Ein Andenken an die beste Freundin, die weggezogen ist, der Bleiguß aus der Silvesternacht oder die magische Feder, die eines Tages auf dem Platz lag und die nur von einem Raubvogel stammen kann – alles findet hier seinen ganz geheimen Platz.

Sammeln, sortieren, aufbewahren, erinnern

Strandgut

Wohin mit alledem, was im Urlaub die Hosentaschen prall gefüllt und dann säuberlich verpackt die Heimreise mit angetreten hat? Es sind ja nicht nur die Gegenstände, die aufbewahrt werden wollen, sondern auch die damit verbundenen Erinnerungen: Meer, weißer Sand, Almwiesen und Felsen. Ein kleines Regal muß her, das an der Wand oder im großen Regal Platz findet.

Das kleine Regal wird so gemacht

- Kleine Schachteln und Streichholzschachteln mit dem Rücken auf einen sehr steifen Karton kleben. Rechts und links mit Holzspachteln verstärken.
- Das fertige Regal in eine offene, stabile Schachtel setzen und festkleben. Das Regal hat jetzt einen Sockel und kann stehen. Sockel mit Spachteln bekleben.
- Regal hinlegen und füllen. Alles leicht ankleben, etwa mit doppelseitigem Klebeband.
- Sand oder ganz winzige Dinge in ein Glas füllen. Auch ankleben, damit es beim Bewundern nicht herausfällt.
- Wenn das Regal an der Wand hängen soll, muß es vom Sockel her gestützt werden. Man legt einen Bindfaden rund um das Regal, macht oben rechts und links je eine Schlaufe zum Aufhängen. So hält es besser.
- Wer ganz verwegen ist, kann besondere Stellen um das Strandgut herum mit Kleber bestreichen und etwas Strandsand darüberstreuen. Das sieht dann wirklich echt wie im Urlaub aus. Und man kann sich lebhaft an all das Schöne erinnern.

Muscheln erinnern an das Meer: an sein Rauschen, seinen Geruch, seinen salzigen Geschmack.

Mein So

Juni

21. Juni:
Heute beginnt der Sommer. So hoch wie heute steht die Sonne erst wieder nächstes Jahr. Das Sternzeichen Krebs beginnt mit dem Sommeranfang.

24. Juni: Johannistag

27. Juni: Siebenschläfer

Juli

15. Juli: Heinrichstag – wenn es heute regnet, regnet's 40 Tage lang.

22. Juli: Das Sternzeichen Löwe beginnt.

25. Juli: Jakobstag – jetzt beginnt auf den Getreidefeldern die Erntezeit.

erTagebuch

August

15. August:
Mariä Himmelfahrt.

23. August: Das Sternzeichen Jungfrau beginnt.

24. August: St. Bartholomä – die Ernte ist in vollem Gang. An vielen Orten ist Kirmes.

September

16. September: Santa Lucia –
Lichtprozessionen in einigen Gegenden.

21. September:
Evangelist Matthäus –
schönes Wetter hält vier Wochen.

22. September: Der Sommer ist zu Ende.
Morgen beginnt der Herbst.

So endet diese Jahreszeit

Am 23. September ist der Sommer zu Ende. Die Bauern haben ihre Felder abgeerntet, und an den Büschen und Bäumen reifen die bunten Früchte. Die Nächte sind ab jetzt wieder länger als die Tage. Morgens fühlen sich die Wiesen feucht an vom nächtlichen Nebel, der jetzt oft noch in den frühen Morgenstunden sichtbar ist. Manchmal gibt es einen Altweibersommer. So heißen die wunderbar warmen Tage zwischen Mitte September und Mitte Oktober, wenn eigentlich schon Herbst ist.

Bereits Ende August werden die Tage schon erheblich kürzer, und es kann abends schon empfindlich kühl sein.

Die ersten Herbststürme

Am Ende des Sommers fallen die Blätter zur Erde und bedecken rot und gelb die Wiesen und Wege und tänzeln im Wind auf den Straßen.

Drachen steigen auf, kleine und große, bunte und prächtige und ganz einfache, die Kinderhände selbst gebastelt haben. Wenn der Wind es gut mit den Drachen meint, fliegen sie alle munter drauflos. Darüber üben die Stare. In ordentlichen Reihen und Kreisen stellen sie sich in der Luft auf wie Kinder auf dem Schulhof. Wenn sie genug geübt haben, ziehen sie fort in Länder, in denen es wärmer ist als bei uns. Auch viele andere Vögel, z. B. Kuckuck, Nachtigall, Schwalbe und Storch verlassen uns zu Ende des Sommers. Auf dem Wochenmarkt werden jetzt Pilze angeboten, Kürbisse und vereinzelt schon Nüsse.

Luftmatratze, Badeanzug, Wasserball und Taucherbrille – ab in den Winterschlaf und bis zum nächsten Sommer.

Die Freibäder schließen ihre Tore. Pullover und wärmere Sachen werden aus den Schränken gekramt. Es wird kühler. Kein Zweifel – der Herbst ist da!

Der Herbst

Der Kalender richtete sich früher nach dem Umlauf des Mondes um die Erde – ein Monat entspricht in etwa einem Mondzyklus.

Daß unser Jahr 365 Tage hat, das wußten schon die alten Ägypter viele tausend Jahre vor unserer Zeitrechnung, also vor Christi Geburt. Außerdem beobachteten sie, daß es in einem Jahr zwölfmal Vollmond gab, also teilten sie das Kalenderjahr in zwölf Monate mit je 30 Tagen auf. Am Ende kamen sie dann auf 360 Tage und fügten noch fünf Tage hinzu. Sie hatten aber nicht bedacht, daß jedes Vierteljahr noch Zeit dazukommt, am Ende des Jahres zusammengerechnet über fünf Stunden. Daher verschob sich der ägyptische Kalender mit der Zeit im Verhältnis zum wirklichen Jahresablauf. Der berühmte römische Kaiser Gajus Julius Cäsar führte aus diesem

Grund einen neuen Kalender ein mit zwölf Monaten und einem zusätzlichen Tag im Februar alle vier Jahre, einem Schalttag.

Aber noch immer paßte der Kalender nicht zum wirklichen Jahr. In 128 Jahren hinkte er einen ganzen Tag nach und nach etwa 1500 Jahren kam es zu zehn Tagen Verspätung. Deshalb dachte man sich einen verbesserten Kalender aus und übersprang die zehn Tage einfach. Einer davon ist der 25. Februar 1700, der in unserer Geschichte fehlt.

Heute richten sich die Kalendermacher nach der Sonne, für deren Umkreisung unsere Erde ziemlich genau ein Jahr braucht.

Ein Baum im Wandel der Jahreszeiten

Die Kastanie im Herbst

Vorsicht! Unter diesem Baum sollte man am besten einen stabilen Hut tragen. Es plumpst und kullert in einem fort Und wenn der Wind bläst, plumpst es im Sekundentakt: mal Frucht, mal Schale. Dazwischen wehen lautlos grüngelbe, ockerfarbene, braune Blätter, die wie große bunte Hände aussehen.

»Aesculus hippocastanum« heißt der Baum in der Fachsprache der Botaniker, manchmal auch »Gemeine Roßkastanie«. Die Kinder kennen ihn als Kastanie, weil im Herbst unzählige von diesen Früchten zu seinen Füßen liegen.

Eine Kastanie in der Jackentasche schützt dem Volksmund nach vor Rheuma.

Nahrung für den Winter

Mancherorts werden die Kastanien fleißig gesammelt. Da sind die Bastler unterwegs. Aber ein großer Teil der gesammelten Kastanien wird bei den Forstämtern gehortet und im Winter an die Futterplätze der Wildtiere gelegt. Hirsche, Rehe und Wildschweine sind die dankbaren Abnehmer.

Die Kastanie auf dem Bild rechts ist fast 30 Meter hoch und so alt, daß die Leute im Dorf sich nicht daran erinnern können, seit wann der Baum da steht.

Je weiter der Herbst voranschreitet, desto mehr verlieren die Blätter ihre Grün- und Goldtöne, bald sind sie nur noch braun. Dann dauert es nicht mehr lange, bis der Herbstwind in die Äste fährt und den Baum leer fegt, als hätte er niemals auch nur ein einziges Blatt besessen.

In der Regel wird eine Kastanie etwa 30 Meter hoch. In Bulgarien gibt es jedoch bis zu 50 Meter hohe Exemplare.

Jede Jahreszeit hat ihre Farben

Den Herbst malen

Jetzt im Herbst sind alle Farben kräftiger. Die flirrende Sommerhitze ist vorüber, und alles hat scharf umrissene Konturen.

Ende August, Anfang September läßt in unseren Breitengraden die große Hitze nach. Die Sonne steht nicht mehr so hoch am Himmel. Obwohl es tagsüber immer noch sehr warm sein kann, kühlt der Boden nachts ab. Warme Luft streicht über den kalten Boden und kühlt sich ab. Dabei kondensiert der in ihr enthaltene Wasserdampf und bildet winzig kleine Tröpfchen, den Nebel. Dadurch erscheint die Welt morgens in einem Zauberglanz. Spinnweben werden an Ästen sichtbar, und weißlicher Nebelhauch schwebt über den Wiesen. Über dem Bodennebel scheint am strahlendblauen Himmel die Sonne. Ihr Licht ist klar und warm. Im Laufe des Vormittags lösen sich die Nebel auf. Plötzlich scheint die Landschaft in klarem Licht und klaren Farben.

Die sommertrockenen Wiesen werden nochmals tiefgrün. Herbstzeitlosen setzen in sumpfigen Gegenden violette Akzente. In Bauerngärten blühen bunte Dahlien und Chrysanthemen in warmen Farben: Rot, Gelb, Violett, Rostrot und Orange.

Nur an den Bäumen sieht man, daß sich das Jahr seinem Ende zuneigt. Ihre Kronen beginnen, sich zu verfärben. Die lichten sommergrünen Blätter werden gelb, gelb-rot, orange, rostrot und tiefrot. Ihre Farbenpracht währt nur kurz: Nach dem ersten Frost verlieren sie ihre Kraft und fallen ab. Im Spätherbst, wenn die Äcker umgepflügt und von großen braunen Schollen bedeckt sind, herrschen Tiefgrün und Braun in der Landschaft vor. Die Laubbäume strecken ihre braunen, knorzigen, kahlen Äste in den azurblauen Himmel. Fichten, Kiefern und Tannen bringen mit den Wiesen die Grüntöne. Jetzt leuchten die Farben nicht mehr. Sie sind eher gedeckt.

Was malen wir?

Ein Herbstbild läßt sich am besten mit Wasserfarben malen. Jetzt kann man die Farben fast pur aus den Farbtöpfchen nehmen, weil auch in der Landschaft die Farben kräftig erscheinen. Ein großes, saugfähiges Papier, ein Bleistift und verschieden dicke Pinsel – und los geht's! Wichtig ist vor allem, daß man sich für ein Motiv entscheidet, das für den Herbst wirklich typisch ist.

Vorübungen

Zuerst ausprobieren, wie die Farben zueinander stehen, dann können sie dick und satt, fast ohne Wasser aufgesogen werden. Im Vordergrund sind sie jedoch kräftiger als im Hintergrund.

Wer noch nicht so geübt ist, kann sein Bild erst einmal mit Bleistift vormalen. Alle Gegenstände in einer Landschaft kann man stark vereinfachen, indem man sie in geometrische Formen zerlegt. Kreise, Rechtecke, Quadrate, Dreiecke, Rauten, Spiralen usw. kann jeder erst einmal für sich auf einem Blatt Papier üben. Wichtig ist, daß man keine Hilfsmittel zur Hand nimmt, sondern frei aus der Hand zeichnet. Nur dann wirkt das Bild später auch lebendig. Auch die Natur weist immer kleine Unregelmäßigkeiten auf! Aus welchen Grundformen besteht ein Baum? Eine Windmühle? Ein Drachen? Ein Kind? Büsche? Vögel? Sobald man die Grundformen beherrscht, kann man sich daran- machen, einzelne Gegenstände aus ihnen zusammenzusetzen. Wer das nebenstehende Bild genau betrachtet, wird einfache Formen finden, mit denen sich leicht ein Bild zusammenbauen läßt.

Das Auftragen der Farben

Bevor man das Bild anmalt, kann man erst einmal ein paar Farbübungen machen. Dabei ist zu beachten, daß weniger Farben einen größeren Effekt haben als zu viele. Braun- und Grüntöne eignen sich für die Landschaft, Rot-, Violett- und Gelbtöne für die Blätter und die Blumen.

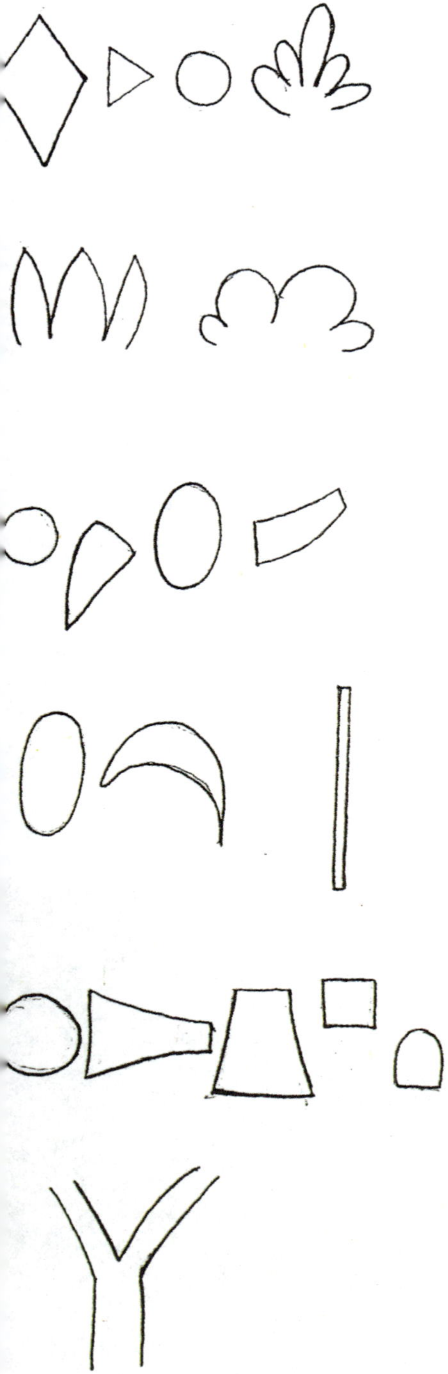

Formen und Farben

Auf der linken Seite des Bildes sind einfache geometrische Formen und Figuren zu sehen, die als Grundelemente für ein Herbstbild verwendet werden können.
Man kann damit üben, wenn man sie auf einem Blatt Papier mit der freien Hand aufzeichnet.
Später können sie dann mit freien Elementen zu einem Gesamtbild vereinigt werden, wie es auf Seite 185 zu sehen ist.
Viel Freude beim Malen und Zeichnen!

Sehen und staunen

Was gibt es auf dem Wochenmarkt?

Die »Königsknolle«, wie die Kartoffel auch genannt wird, war bis vor 400 Jahren in Europa unbekannt. Erst danach begann sie ihren Siegeszug auf unseren Feldern.

Ende September überfluten Kartoffeln den Wochenmarkt. Eine Zeitlang waren sie als Armeleuteessen verpönt. Jetzt trifft man sie sogar in den feinsten Restaurants wieder, in allen Variationen, sogar als Pellkartoffeln mit frischgestampfter Butter. Frisch vom Markt, ist das ein Genuß!

Die ersten Kürbisse werden jetzt angeboten, daneben Mais, Weißkohl und Feldsalat und – solange der Frost sich zurückhält – vollsaftige und wohlschmeckende Gartentomaten.

Je herbstlicher es wird, desto mehr Pilze und Nüsse, Eßkastanien, Quitten und Früchte, die sich für die Vorratshaltung eignen, werden angeboten. Wer Rosenkohl oder

Prall und saftig sind die Bauernpflaumen, die jetzt auf dem Wochenmarkt angeboten werden.

Grünkohl mag, kommt im Herbst auf seine Kosten. Jetzt ist auch die Zeit des Zwetschgenkuchens. Wer sich darauf versteht, kocht Pflaumenmus nach den Rezepten der Großmutter oder läßt die blauen Früchte im Backofen zu Dörrpflaumen schrumpeln, so daß man Vorrat für einen ganzen langen Winter hat.

Auch am Blumenstand ändert sich die Dekoration. Statt der Sommerblumensträuße tauchen die ersten Gebinde auf. Dahlien und Astern in allen Farben leuchten in der allmählich schwächer werdenden Herbstsonne.

Hier und da tauchen die ersten Adventskränze auf. Tannengrün wird angeboten. Der Wochenmarkt riecht jetzt anders als im Sommer, und seine Farben sind gedämpfter. Auch die Wespen, die uns im Sommer keine Ruhe gelassen haben, werden müde – aber Vorsicht, sie stechen auch im Herbst.

Herbstzeit ist Erntezeit. Jetzt gibt es die schönsten und gesündesten einheimischen Früchte- und Gemüsesorten.

Im Garten fallen schon mal ein paar Blumen den ersten Nachtfrösten zum Opfer.

Pflaumendessert

Süßes für kleine Naschkatzen

Zutaten

- 3 Eßlöffel braunen Zucker gemischt mit 1 Prise Salz
- 5 Eßlöffel Reis • 1 Pfund sehr reife Pflaumen
- 1 Becher Schlagsahne • 2 Eßlöffel Honig
- 1/2 Pfund Quark • 1 Sträußchen Zitronenmelisse

Pflaumen sind kugelige oder eiförmige, süße, saftige Steinfrüchte. Zur Familie der Pflaumen gehören z. B. Mirabellen, Renekloden und Zwetschgen.

Zubereitung

- Zucker in einer beschichteten Pfanne bei mittlerer Hitze ganz langsam flüssig rühren.
- Wenn er goldgelb ist, Reis zugeben und so lange rühren, bis der ganze Zucker vom Reis aufgenommen wurde.

- Die Pflaumen gründlich waschen, entsteinen und vierteln. Die Pflaumenviertel in eine flache Schüssel geben.
- Schlagsahne steif schlagen und Honig darunterziehen. Die süße Masse über den Pflaumen verteilen.
- Zuckerreis darüberstreuen.
- Melissenblätter am Rand und in der Mitte der Schüssel dekorativ verteilen.
- Sofort servieren.

Guten Appetit!

Wir spielen draußen

Im Oktober kann man das schönste Kinderspielzeug von den Bäumen schütteln oder sich vom Wind dabei helfen lassen.
Jetzt sollte kein Weg zu weit sein, um einmal einen ganzen Tag im Wald zu verbringen. Gerade im Oktober scheint die Sonne oft noch sehr kräftig und macht den Aufenthalt im Freien recht angenehm. Ein Picknick gehört selbstverständlich dazu. Und es versteht sich ebenfalls von selbst, daß von diesem Picknick keine Spur im Wald zurückbleibt.

Richtig unheimlich kann ein Herbststurm im Wald sein. Die Baumwipfel biegen sich mächtig, und es ächzt und knarrt in den Ästen.

Die Stille erleben

Der Wald ist ein Ort der Stille, manchmal auch ein ziemlich kühler Ort. Ein Anorak sollte auch beim schönsten Sonnenschein mit dabeisein. Notfalls dient er als Sitzkissen beim Picknick. Und in seine Taschen kann man ganz nebenbei noch so allerlei Mitbringsel stopfen.
Da es in der Stadt niemals wirklich still ist, erleben gerade Stadtkinder den ganztägigen Aufenthalt im Wald als etwas ganz Besonderes. Hier können sich die Ohren einmal gründlich erholen.
An leisen Orten sprechen Kinder von sich aus leise. Da kann dann auch mit gedämpfter Stimme auf Pflanzen oder Tiere aufmerksam gemacht werden.

Naturkostbarkeiten zum Erinnern

Der Wald ist auch ein Ort für Sammler und Bastler. Und welches Kind ist kein Sammler und gleichzeitig ein passionierter Bastler!
In die mitgebrachten Stoffbeutel wandern Zapfen und Eicheln, Bucheckern, Kastanien, Rinden und herumlie-

Auch bei Regen ist der Wald ein Erlebnis. Überall rinnt das Wasser und tropft von den Ästen auf den Boden, der noch weicher und tiefer wird.

gende Wurzeln, kleine Moosballen und Laub und Zweige. Viele Beeren locken zum Mitnehmen, aber Vorsicht: Die meisten sind nicht eßbar oder sogar giftig.
Wer ein Bestimmungsbuch dabei hat, kann jetzt feststellen, wie interessant diese Informationen sein können, wenn das Anschauungsmaterial so bunt und vielfältig ist wie bei einem Aufenthalt im Wald.
Zu Hause werden die mitgebrachten Blätter in einem ausgedienten Telefonbuch oder Katalog gepreßt. Sie eignen sich hervorragend zum Basteln oder als Tischdekoration für ein herbstliches Menü.
Was im Wald blüht, soll auch im Wald bleiben. Die Naturkostbarkeiten, die Kinder am liebsten mögen, gibt

Aus dem dunkelgrünen Laub leuchten die gelbgrünen Eichelfrüchte. Wenn sie im Spätherbst zu Boden fallen, kann man sie sammeln und hübsche Basteleien daraus anfertigen.

der Wald freiwillig her. Vieles davon ist nur kurzlebig, anderes hält sich länger.

Verantwortung für die Umwelt

Ein Waldspaziergang ist eine gute Gelegenheit, Kindern den Gedanken des Natur- und Umweltschutzes nahezubringen. Hier erleben sie ein intaktes Ökosystem, in dem jedes seiner Mitglieder eine wichtige Rolle zum Erhalt des Ganzen spielt. Jede Pflanze – vom unscheinbaren Moospolster bis zur stolzen Eiche – und jede Tierart – von der kleinsten Ameise bis zum kapitalen Hirschbock – hat in dieser Gemeinschaft eine Funktion, die den Wald am Leben erhält. Wer also willkürlich Pflanzen abreißt, Äste knickt, Ameisenhaufen zerstört oder die anderen Tiere in ihrem Lebensraum stört, gefährdet den Wald und damit ein Stück Natur, das so wichtig für unsere Atemluft und für die Klimaregulierung ist. Man kann gar nicht früh genug damit beginnen, Kinder auf die Verantwortung hinzuweisen, die wir Menschen für unsere Umwelt haben.

Ein Waldspaziergang ist eine gute Gelegenheit, Kinder in spielerischer Form mit dem Gedanken des Natur- und Umweltschutzes vertraut zu machen.

Die Jahreszeiten erleben

Für Kinder ist es eine wichtige Erfahrung zu sehen, wie der Herbst sich herausputzt und auf dem Höhepunkt die Vergänglichkeit beginnt. Im Winter ruht die Natur, und im Frühling wacht sie wieder auf, um im Sommer ihre ganze Kraft zu zeigen.
Kinder brauchen das Erleben der Jahreszeiten, es macht sie kompetent in Sachen Lebensphilosophie. Und sie müssen sammeln, sortieren, aufbewahren, um sich erinnern zu können.
Damals, der Tag im Wald … Und nächstes Jahr, soviel steht fest, da machen wir das wieder, da gehen wir wieder einen ganzen Tag in den Wald.

Das »Männlein im Walde« ist die Hagebutte.

Herbstlied

Das ist ein Lied, das auch die kleineren Kinder schon mit singen können. Besonders lustig ist es, wenn ein Kind den Inhalt des Liedes als Pantomime darstellt.

Ein Männlein steht im Walde

Ein Männlein steht im Walde
ganz still und stumm,
es hat von lauter Purpur
ein Mäntlein um.
Sagt, wer mag das Männlein sein,
das da steht im Wald allein
mit dem purpurroten Mäntelein?

Ein Männlein steht im Walde
auf einem Bein,
es hat auf seinem Haupte
schwarz Käpplein klein.
Sag, wer mag das Männlein sein,
das da steht im Wald allein
mit dem kleinen schwarzen Käppelein?

Das Männlein dort
auf einem Bein,
mit seinem roten Mänte-
lein und seinem
schwarzen Käppelein,
kann nur die Hagebutte sein!

Hoffmann von Fallersleben

Der Dichter Hoffman von Fallersleben (1798 – 1874), dem wir viele Volks- und Kinderlieder verdanken, verfaßte 1841 auf Helgoland den Text des Deutschlandliedes.

Bastelspaß im Herbst

Baumhaus

Benötigte Materialien

- Eine Astgabel, 30–50 cm hoch
- Viele dünne Zweige
- Eine Rolle Schnur oder Naturbast
- Ein Brett oder eine Preßspanplatte, ca. 20x20 cm, 1,5 cm hoch
- Ein Nagel, 4–5 cm lang
- Holzleim oder Alleskleber

So wird's gemacht

- Am besten eignet sich eine Astgabel mit drei Verzweigungen. Die Zweige sollten etwa die Stärke eines kleinen Fingers haben, möglichst gerade und 15–30 Zentimeter lang sein, manche Zweige können auch etwas dünner sein. Das Holz sollte einige Tage auf der Heizung getrocknet werden.

- Die Astgabel wird so zugesägt, daß unter der Verzweigung noch etwa 20 Zentimeter Stamm übrigbleiben. Die Verzweigungen läßt man vorläufig so, wie sie sind.
- Wenn man nur eine Astgabel mit einer Verzweigung gefunden hat, kann man noch eine zusätzliche Verzweigung mit Hilfe eines abgeknickten Zweiges an den Stamm anbinden.
- In die Mitte der Holzplatte wird der Nagel hineingeschlagen, bis er auf der anderen Seite wieder herausschaut. Die durchgetretene Nagelspitze und das untere Ende der Astgabel werden mit Leim bestrichen.

- Dann wird die Astgabel auf die Spitze des Nagels gedrückt und dieser mit dem Hammer fest eingeschlagen. Jetzt steht der »Baum« fest auf der Platte.
- Der Hausbau beginnt mit dem Einfügen der unteren drei Zweige, die das Grundgerüst des Bodens werden. Die Zweige werden so eingepaßt, daß sie über die Astgabeln hinausstehen. Dann werden sie mit der Schnur über Kreuz so festgebunden, daß sie nicht mehr herunterrutschen können.

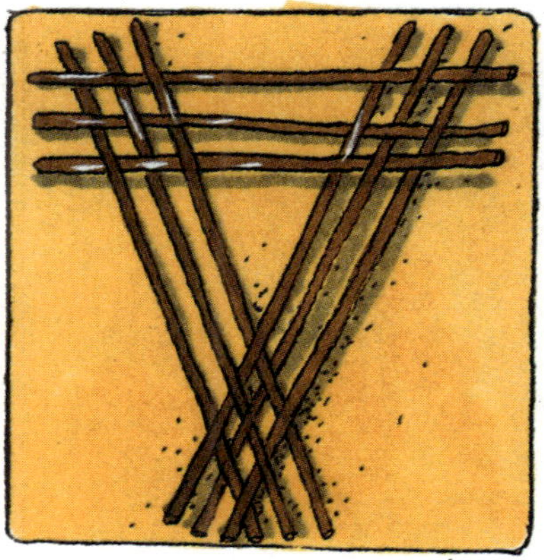

- Jetzt legt man die abgelängten Bodenzweige ein, baut die Wände und errichtet das Dach. Die Technik ist wie beim Blockhausbau.
- In das Baumhaus können je nach Bedarf Falltüren, Fenster, Türen, Treppen, Leitern usw. eingebaut werden. Der Phantasie sind keine Grenzen gesetzt.

Das Abenteuer kann beginnen!

Bastelspaß

Flatterrabe im Herbstbaum

Aus bunten Herbstblättern und alten Illustrierten entsteht eine bunte Collage als Zimmerschmuck, an dem Kinder und Erwachsene ihre Freude haben.

Auf den Feldern und an den Waldrändern, immer häufiger aber auch mitten in den Städten – um die Kronen hoher Bäume herum – kreisen und schwärmen jetzt die Krähen. Sie suchen am Boden nach Futter, und wenn man nicht allzu nahe herankommt, kann man sie recht gut beobachten.

Die Collage auf dem Bild rechts ist ohne Buntpapier gemacht. Sie besteht ausschließlich aus den bunten Stellen einer Illustrierten. Das Gras am unteren Rand stammt von einem Werbefoto für Käse. Man faltet ein derartiges Wiesenstück wie eine Ziehharmonika und schneidet mit der Schere tief in die Kanten. Klebt man jetzt nur die untersten Stellen an, steht oben das Gras frei und zittert bei jedem Windhauch.

Auch die bunten Laubblätter sind nur an einer winzigen Stelle aufgeklebt.

Der Rabe war einmal ein Nachthimmel auf einem Reklamefoto in einer Illustrierten. Flügel, Schnabel und Auge sind fast lose, nur ein winziger Tropfen Klebstoff hält sie fest.

So flattern alle Teile und bewegen sich sachte, wenn das Rabenbild in der Nähe von Tür oder Fenster hängt.

Der Hintergrund, auf dem alles aufgeklebt wurde, ist eine ganz gebliebene Seite aus einer Illustrierten. Über die Schrift wurde ein Blättchen geklebt. Wer will, kann die Collage auf einen festen Karton kleben und in einen Bilderrahmen stecken. Aber ohne Glas, sonst ist der Rascheleffekt verschwunden.

Neues von der Fensterbank

Langsam verabschieden sich die Sommerblumen. Wer gerne pflanzliches Leben auf der Fensterbank sehen möchte, widmet sich jetzt den Kakteen. Sie sind echte Stubenhocker und kein bißchen beleidigt, wenn sie im Herbst auf der inneren Fensterbank stehen. Wenn sie dort genug Licht bekommen, zeigen sie sich von ihrer freundlichsten Seite. Kakteen mögen es warm, denn sie sind Importgewächse aus heißen Ländern. Bei uns sind Ableger im Handel, die nicht viel kosten. Bei guter Pflege haben sie ein nahezu ewiges Leben. Sie wachsen nur langsam und sind in winzigen Töpfen lange gut aufgehoben.

Ein kleiner Kakteengarten

Kakteen sind genügsam. Sie nehmen es nicht übel, wenn sie beim Gießen mal vergessen werden.

Wer will, legt sich in einer Glasschüssel einen Kakteengarten an. Steine und Sand bilden den Untergrund, obenauf kommen die Kakteentöpfchen. Der Untergrund darf weder naß noch feucht werden, deshalb nimmt man die Kakteen zum Gießen heraus. Zu vieles Gießen schadet, warm und trocken ist das Motto aller Kakteen.
Auf dem Bild rechts ist ein Christusdorn zu sehen, der gerade blüht. Er braucht etwas mehr Wasser als seine Kollegen. Unter guten Bedingungen wächst er rasch und braucht dann einen etwas größeren Topf.
Man kann Kakteen auch aus Samen ziehen. Man streut die Körnchen in eine flache Pflanzschale mit Kakteenerde. Darüber kommt eine ganz dünne Schicht aus feinem Sand. Die Erde sehr vorsichtig anfeuchten und dann die Schale mit einer Glasscheibe abdecken. Nach etwa vier Wochen gehen die ersten Pflänzchen auf.

»Herbstgedanken« von Arnold Böcklin

Alte Meister sehen den Herbst

Das Bild »Herbstgedanken« (links) ist auf den ersten Blick gut überschaubar. Eine nachdenkliche Frauengestalt wandelt an einem Bach entlang und blickt versonnen ins Wasser, in dem herabgefallene Blätter schwimmen. Einige Birkenzweige sehen schon recht kahl aus, die Landschaft ist herbstlich. Je länger man jedoch das Bild betrachtet, desto mehr überträgt sich seine melancholische Stimmung auf den Betrachter. Malerisches Detail und Farbigkeit sind um der Ernsthaftigkeit des Ausdrucks willen reduziert. Die Wiese ist sumpfgrün, der Bach schmutzig braun.

Die Stimmung

Der Künstler wählt bewußt diese trüben Farben. Nur die kahlen weißen Birken, die am Bach stehen, fangen das Licht des Herbsttages ein, genauso wie die Frau im Vordergrund. Sie ist ganz deutlich die Hauptgestalt des Bildes, die plastisch greifbar und farblich stark hervorgehoben aus der Landschaft hervortritt. Was bewegt sie? Ihr Weg wird durch die Birkenbäume versperrt, ein Ausweg wird durch die Böschung rechts unmöglich gemacht. So entsteht ein Gefühl der Ausweglosigkeit, welche durch die melancholische Stimmung der in Gedanken versunkenen Frau noch verstärkt wird. Der Maler vermeidet bewußt eine realistische Wiedergabe der Natur. Er will nicht die Wirklichkeit vermitteln, sondern seine Empfindungen. Wahrscheinlich geht das Bild auf ein Kindheitserlebnis des Künstlers zurück. Der Herbst beeindruckte ihn schon in seinen Jugendjahren sehr stark.

Der Maler drückt durch die Wahl der Farben und die Komposition des Bildes eine Stimmung aus. Der Herbst bedeutet für ihn Melancholie, eine stille Wehmut, die, von der Natur ausgehend, die Menschen berührt.

Mit dem Herbst neigt sich das Jahr dem Ende zu. Der Sommer mit seiner Hitze und den ausgelassenen Spielen im Freien ist vorbei. Jetzt kommt eine stillere Zeit.

Die Absicht

Arnold Böcklin steht mit seinen Stimmungslandschaften in einer Tradition, die in der Romantik einsetzt, um im ganzen 19. Jahrhundert wirksam zu bleiben. Seine Farben tragen gemeinsam mit den dargestellten Gegenständen die Stimmung des Bildes. Sie sind psychologische Stimmungsträger. Als Böcklin einmal von einem Kritiker angegriffen wurde, weil dieser seine Farben als »unwahr« bezeichnete, sagte er empört: »Die Farbe ist im Bilde doch zu ganz anderem Zwecke da, als in der uns umgebenden Natur!« Zeit seines Lebens spürte Böcklin dem Geheimnis der Farbe nach und versuchte unentwegt neue Techniken, um den letzten bezwingenden malerischen Ausdruck für seine Kompositionen zu finden. Doch war ihm die Malerei nicht Selbstzweck, sondern er sah in ihr ein Mittel, große Gedanken im Bild anschaulich zu machen und poetischen Einfällen eine sichtbare Form zu geben.

Der Künstler

Arnold Böcklin hatte ein sehr bewegtes Leben. 1827 wird er als Sohn eines Kaufmanns in Basel geboren. Mit 18 Jahren verläßt er gegen den Willen des Vaters, aber mit Billigung der Mutter das humanistische Gymnasium, wechselt an die Akademie in Düsseldorf und studiert Landschaftsmalerei. Nachdem er 1847 sein Studium erfolgreich beendet hat, kehrt er zurück nach Basel. Hier verlobt er sich mit einer reichen Nachbarstochter. Wenig später erfüllt er sich einen sehnlichen Wunsch und bricht mit einem Freund nach Rom auf. Kaum angekommen, erfährt Böcklin, daß seine Verlobte an Gehirnhautentzündung gestorben ist. 1853 heiratet er in Rom die 17jährige verwaiste Tochter eines päpstlichen Gardisten, Angela Pascucci. Im Laufe ihrer Ehe werden dem Paar zwölf Kinder geboren, fünf sterben bereits im Kindesalter. Bis 1860 leidet die Familie bitterste Not. Dann wird Böcklin nach Weimar an die neueröffnete Kunstschule berufen, um dort Landschaftsmalerei zu unterrichten. Doch lange hält es ihn nicht dort. Er gibt seine Beamtenlaufbahn auf und zieht mit seiner Familie einige Male um. Sie geraten wieder in finanzielle Not, bis Böcklin ab 1880 regelmäßig in Berlin und Dresden ausstellen kann und seine Lage sich bessert. 1885 zieht die Familie nach Zürich, um ihren Söhnen bessere Schulungsmöglichkeiten zu bieten. Hier lernt Böcklin den Schriftsteller Gottfried Keller kennen, mit dem ihn eine tiefe Freundschaft verbindet. Nach dem Tod seines Freundes zieht Böcklin endgültig nach Italien. Er stirbt dort am 16. Januar 1901 als höchst angesehener Maler an einer Lungenentzündung.

Wer eine Reproduktion des Bildes »Herbstgedanken« haben möchte, kann es beim Kunstkreis Freudenstadt unter der Nummer 10.352-3 bestellen.

Der Herbst hat viele Gesichter. Dieses Foto zeigt eine Herbstlandschaft mit freundlichem, warmem Charakter. Seine Stimmung bildet einen deutlichen Kontrast zur Melancholie des Gemäldes.

Die Vorlesegeschichte von Janosch

Der Bär und der Voge

Es war einmal ein Bär, der lebte ungefähr eine Me
weit weg von den Leuten am Fuße eines Berges ir
seiner Höhle. Im Sommer ging es ihm gut, denn e
hatte eine Bienenzucht und deswegen beinah imm
so viel Honig, wie er nur wollte. Denn H
war seine Leibspeise. Auch sammelte
Beeren im Wald, fing am Fluß Forel
kurzum: Im Sommer lebte er dort w
im Paradies. Dazu kam, daß die an
ren Waldtiere und nicht zuletzt die
Leute vom Dorf ihn gut leiden konn
denn er war friedlich, leutselig, im
zu einem kleinen Spaß aufgelegt.
Bosheit und Hinterlist kannte er
nicht, und wenn ihn selbst einer
einmal hänselte, foppte, ihm gar
einen Streich spi
verzieh er's ihm
schnell, denn
wenn's dem
Bären gutge
braucht er
niemande

ı beißen. Er war, und das darf hier auch gesagt werden, für die anderen Tiere im 'ald wie ein lieber Großvater. Wenn er abends vor seiner Höhle saß und der Son- ꞓ zuschaute, wie sie unterging, kam der ein oder andere und flüsterte ihm seine orgen ins Ohr. Und schon war alles besser. Und dann kam der Winter.
uch da ging es ihm nicht schlecht. Denn er hatte einen warmen Pelzmantel aus ärenfell, und weil er nicht dumm war, hatte er im Sommer kleine Vorräte ange- gt. Hatte Beeren getrocknet und daraus, vermischt mit Honig, eine fabelhafte 'interspeise bereitet. Hatte Laub in die Höhle getragen, damit es ihm nicht von nten her kalt werden konnte. Hatte auch saubere und glattgestrichene Blätter on Buchen gesammelt, auf denen er im Winter die Geschichten des letzten Som- ers lesen konnte, die Käfer und Würmer dort hineingeschrieben hatten.
uch der Winter war also keine schlechte Zeit für den Bären. Und dann kam so n Winter, der war kälter als jeder Winter zuvor. Der Wind hatte ihm den Schnee s direkt vor sein Bett geweht. Die Luft war wie kaltes Glas, und im Wald war es ill, still. Als ob es auf der Welt keine Töne mehr gäbe. Weil sie in der Luft erfro- n. Weil sie tot in den Schnee fielen. Und wenn der Bär hinauswollte vor seine öhle, mußte er sich durch den Schnee graben.
nd dann kam die große Heilige Nacht. Der Mond stand oben allein, nd weit, weit weg flimmerten die Sterne, heller als sonst und ganz ar. Dem Bären war es so kalt wie nie zuvor, und er redete mit sich lbst. Das machte manchmal etwas warm. »Ich werde in das Dorf ge- n. Vielleicht treffe ich einen, den ich kenne, und er nimmt mich mit ach Haus an den warmen Ofen. Oder wir wärmen uns gegenseitig ell an Fell. Vielleicht schenkt mir einer eine Brotsuppe. Das wärmt auch. Also los, alter Bär, mach dich auf die Pfoten!« Er rieb sich die Nase warm und grub sich aus der Höhle. Kalt war es. Viel kälter, als er innen in der Höhle gedacht hatte.

. »Will jemand mit mir ins Dorf gehen … hen …«, rief er in den Wald hinaus, aber das Echo kam sofort zurück, war gar nicht weit gekommen, war an der Kälte zurückgeprallt.

»Dort ist heut Weihnachten«, rief der Bär, etwas leiser jetzt. »Ist da niemand …?« »Niemand …«, rief das Echo zurück, und das Wort fiel erfroren in den Schnee, keiner hat es gehört. Da stampfte der Bär allein los, ging den Fluß entlang über die schmale Brücke, noch eine Meile weit, im Sommer ein Weg nicht einmal zu lang für eine Maus. Aber jetzt so weit wie von hier bis zum Himalaja. Und für einen allein zu gehen doppelt so lange. Manchmal blieb er stehen, legte die Pfote an die Schnauze und rief: »Ist da niemand, der mitgeht in das Dorf? Keiner? Heut ist Weihnachten bei den Menschen. Ein schönes Fest …« Niemand, keiner kam und als es immer kälter wurde, der Weg ohne Ende war, fiel der Bär nach vorn und konnte nicht mehr weitergehen. Da kam ein kleiner Vogel gehüpft. Setzte sich auf sein Ohr, war ein Hänfling. Er kannte den Bären vom Sommer her. Sie hatten sich manchmal die Beeren geteilt, die der Bär gesammelt hatte: »Eine ich und zwei du. Eine ich und zwei du …«

»Kalt ist's«, sagte der Vogel. »Trag mich ein Stück, Bär! Kann nicht mehr fliegen wegen der Kälte. Und ich sing' dir was vor, ja!« Da stand der Bär wieder auf, nahm den federleichten Vogel auf die Pfote, hauchte ihn warm, und der Vogel sang ihm ein Lied ins Ohr. Wie früher, wie im Sommer. Das wärmt. Der Bär ging weich und vorsichtig, um das Lied nicht zu stören.

Es war mitten in der Nacht, als sie ins Dorf kamen. Die Leute waren in der Kirch und sangen. Aber der Küster ließ die beiden nicht hinein. »Bären und Vögel habe hier keinen Zutritt«, sagte er. »Das ist eine Vorschrift, und ich kann keine Ausnahme machen. Geht einfach nicht. Alte Frauen könnten sich ängstigen. Morgen vielleicht, wenn die Kirche leer ist oder wenn mehr Kinder da sind, die würden sich vielleicht freuen. Aber heut nicht, heut nicht.« Schlug die Tür zu und war weg. Dem Bären und dem Vogel war's inzwischen egal. Sie spürten die Kälte nicht mehr, denn wenn du eine

Freund gefunden hast, ist alles nicht mehr schlimm. Sie setzten sich neben die Kirche, und im Auge des Bären war so ein schönes Licht, an dem der Vogel sich die Flügel wärmen konnte. Jetzt hätte er wieder fliegen können unter ein warmes Dach, aber er blieb.

Der Himmel war das Dach über ihrem Haus, und die Welt hatte keinen Anfang und kein Ende. Dann kamen die Mütter und Väter mit ihren Kindern aus der Kirche.

»Was ist denn dort mit dem Bären?« fragten die Kinder.

»Ist der echt? Er bewegt sich ja gar nicht.«

Die Mütter und Väter zogen die Kinder an den Händen weg, es war schon spät, und es war kalt:

»Na los, kommt schon.«

Als das Lied des Vogels immer leiser wurde und der Bär sah, daß der Vogel die Augen schon zu hatte, verbarg er ihn vorsichtig und warm zwischen seinen Pfoten.

Rührte sich nicht, um ihn nicht zu wecken.

Aber auch dem Bären fielen bald die Augen zu, und sie träumten von einem Engel, der sie wegtrug. Am nächsten Tag waren sie nicht mehr da.

Was wächst denn da?

Eine kleine Fichte

Die kleine Fichte mit dem Berufswunsch »Weihnachtsbaum« ist auf der rechten Seite zu sehen.
Wenn man Glück hat, kann man Tannen und Fichten selber ziehen. Man legt im Herbst ihre Zapfen in die Erde und wartet mit Geduld ab, ob etwas kommt. Tannen und Fichten wachsen in den ersten Jahren nur wenig. Die kleine Fichte auf dem Bild ist fünf Jahre alt und verbringt ihr Leben auf einem Balkon. Zu Weihnachten wird sie für ein paar Tage fein gemacht und ins Zimmer geholt. Danach ist sie wieder ein ganzes Jahr draußen, wo sie sich am wohlsten fühlt.
Das Elsaß ist als Ursprungsgegend des heutigen Weihnachtsbaumes anzusehen. Schon in den ersten Jahren des 17. Jahrhunderts wird aus Schleffstadt im Elsaß berichtet, daß am Christtag Tannenbüsche oder -bäume aufgestellt und mit Backwerk und Äpfeln verziert wurden.

Ein Weihnachtsbaum auf Zeit

Kleine Nadelbäume gibt es in Baumschulen oder Gärtnereien zu kaufen. Sie lieben Licht und Luft. Auf pralle Sonne möchten sie lieber verzichten. Jahrelang kann man sie als Weihnachtsbaum nehmen, bis man plötzlich entdeckt, wie groß sie werden können. Dann heißt es Abschied nehmen. Entweder fragt man beim Gärtner nach oder beim Forstamt, wo gerade eine Tanne oder Fichte gebraucht wird.
Ist so ein Nadelbaum erst einmal im Freien, wächst und wächst er. Die Fichte ist unser höchster einheimischer Baum. Sie ist das ganze Jahr über grün und wird bis zu 50 Meter hoch.

Lärchen sind die einzigen Nadelbäume, die im Sommer grün sind und im Herbst die Nadeln abwerfen.

Verse fürs Poesiealbum

Rosen, Tulpen, Spinnenbein, willst Du meine Freundin sein?

In einem über 100jährigen Poesiealbum fanden sich die folgenden Sprüche:

Rosen, Tulpen, Nelken, alle Blumen welken, nur die eine Blume nicht, die da heißt Vergißmeinnicht.

Wenn Du glaubst, ich lieb' Dich nicht, und treibe mit Dir Scherz, so zünde eine Kerze an und schau mir in mein Herz.

Poesiealben haben die Jahrhunderte überdauert. Sie bergen oft wundervolle Kindheitserinnerungen.

Nichts soll Deine Tage trüben. Immer sei Dein Leben schön. Unter denen, die Dich lieben, da soll auch mein Name stehn.

Sei wie das Veilchen im Moose – bescheiden, sittsam und rein. Nicht wie die stolze Rose, die immer bewundert will sein.

Ich lag im Garten und schlief, da kam ein Engel und rief: »Sophia, Du sollst Dich beeilen und Deiner Freundin ins Album schreiben.«

Schiffe ruhig weiter, wenn der Mast auch bricht.
Gott ist Dein Begleiter, er verläßt Dich nicht.

Erika, lerne Menschen kennen, denn sie sind veränderlich. Die Dich heute Freundin nennen, lästern morgen über Dich.

Ein hübsches Poesiealbum kann man auch selbst basteln und gestalten. Unser Bild zeigt ein paar Ideen, die mit einfachen Mitteln zu verwirklichen sind.

In einem 15 Jahre alten Poesiealbum standen die folgenden Verse geschrieben:

Ein Seehund lag am Meeresstrand, wusch sich die Schnauze mit weißem Sand. Oh, möge doch Dein Herz so rein wie diese Hundeschnauze sein!

Der Fisch ist stumm, das Reh ist scheu, der Esel dumm, und ich bin treu.

Ich soll Dir was ins Album schreiben und weiß nicht, was. Daß wir gute Freunde bleiben – wie gefällt Dir das?

Nie verlerne, so zu lachen, wie Du jetzt lachst, froh und frei; denn ein Leben ohne Lachen ist wie Frühling ohne Mai.

Der ist ein Glückspilz in der Welt, der sich selbst für glücklich hält.

Neben den klassischen Glanzbildern eignen sich auch getrocknete Blätter und Blüten oder eine schöne Vogelfeder zum Einkleben. Vielleicht wagt sich auch einmal jemand an eine Fotocollage mit sich selbst und der Freundin im Zentrum des kleinen Kunstwerks.

Was macht eigentlich der Wind?

Wenn im Herbst die Stürme über Land und Meer brausen, denkt so mancher über die gewaltigen Kräfte nach, die dabei freigesetzt werden.
Der Wind ist ein launischer Gesell. Mal spürt man keinen Hauch von ihm, dann wieder weht er mit solch ungestümer Kraft, daß Bäume entwurzelt und Dächer von den Häusern gerissen werden.
Um die Kräfte des Windes messen zu können, hat man sich auf eine Windskala geeinigt, die zwölf Stufen umfaßt – von der Windstille bis zum Orkan. Unsere Bilder vermitteln einen Eindruck von diesen verschiedenen Windstärken und ihren Wirkungen auf Natur und Menschen. Sie sollen für Kinder eine Anregung sein, ihre eigenen Beobachtungen richtig einzuordnen.

1

3

5

(1) Windstärke 0 – Windstille; Rauch steigt gerade empor

(2) Windstärke 1 – leichter Zug; Windrichtung am Rauch zu erkennen

(3) Windstärke 2 – leichte Brise; Wind im Gesicht fühlbar, Blätter säuseln

8

(4) Windstärke 3 – schwache Brise; Zweige bewegen sich

(5) Windstärke 4 – mäßige Brise; bewegt Zweige und dünne Äste

(6) Windstärke 5 – frische Brise; kleine Bäume schwanken

(7) Windstärke 6 – starker Wind; Pfeifen an Drahtleitungen

10

(8) Windstärke 7 – steifer Wind; fühlbare Hemmung beim Gehen

(9) Windstärke 8 – stürmischer Wind; Zweige brechen ab

(10) Windstärke 9 – Sturm; kleinere Schäden an Dächern

(11) Windstärke 10 – schwerer Sturm; Bäume werden entwurzelt

12

(12) Windstärke 11 – Orkan; schwere Sturmschäden

Gänse

Das ganze Jahr über finden die Gänse wenig Beachtung. Manchmal nennt einer eine andere vielleicht »dumme Gans«, das ist aber auch schon alles.
Im Herbst, zwischen Martini und Weihnachten, ändert sich das dann schlagartig. Ab da sind die Gänse buchstäblich in aller Munde. Daß die Gänse eng mit dem Heiligen Martin verbunden sind, hat seinen Grund.
Der Legende nach verkroch sich der heilige Martin in einem Gänsestall, weil er nicht Bischof von Tours werden wollte. Die Gänse verrieten ihn durch ihr Geschnatter, und Martin wurde Bischof. Seitdem müssen die Gänse zu Martini als Braten herhalten und sind bis Weihnachten stark gefragt.

Gänse lieben Gesellschaft

Die sprichwörtliche Dummheit der Gänse ist längst widerlegt. Berühmte Biologen haben das Leben der Tiere studiert und herausgefunden, daß sie sehr lernfähig sind.

Gänse sind gesellige Tiere, die viel Zeit damit verbringen, ihr Federkleid zu putzen und wasserdicht einzufetten. Dazu haben sie am Bürzel eine Fettdrüse, die sie mit dem Schnabel erreichen können, um so das wasserabweisende Fett über die Federn zu verteilen. Gänsepaare bleiben sich ein Leben lang treu und ziehen ihre Küken gemeinsam auf.
Gänse – so sagt man – sind wachsam wie Hofhunde. Der Legende nach retteten Gänse das Kapitol der Stadt Rom vor der Zerstörung durch die Gallier im Jahr 380 v. Chr. durch ihr heftiges, aufgeregtes Schnattern. Und die Dummheit, die man ihnen nachsagt, ist sogar wissenschaftlich widerlegt. Verhaltensforscher beschäftigen sich besonders gern mit diesen Tieren, weil sie sehr viel lernen können.

Blumen im Herbst

Astern

Besonders in den ländlichen Bauerngärten blühen im Herbst die verschiedensten Asternarten.

Wenn es Herbst wird, leuchten sie Kopf an Kopf in vielen Farben. Astern werden oft ein bißchen wehmütig angeschaut. Vielleicht liegt es daran, daß sie den Reigen der Blumen im Jahreskreis beschließen.
Asternstauden sind winterhart und treiben oft viele Jahre hintereinander im Frühling aus. Den Sommer über halten sie sich mit dem Blühen zurück und bilden viele neue Stengel und Blätter. Auf dem Höhepunkt des Sommers, wenn es schon heimlich Herbst wird, zeigt die Aster, was in ihr steckt. Den ersten Frösten im Spätherbst vermag sie noch zu trotzen, dann senken sich die Blumenköpfe, und die Blätter welken.
Über den Wurzelballen wird das Blattwerk im Winter oder im Frühjahr abgeschnitten. Dann beginnt der Kreislauf von neuem.
»Aster« ist ein griechischer Blumenname und bedeutet »Stern«. Durch Züchtung sind aus der einstigen Wildform bis heute mehrere hundert Sorten in vielen Farben und Formen entstanden.

Astern auf dem Balkon

Astern gibt es in Europa, Asien, Amerika und Südafrika in 500 verschiedenen Sorten von Rosa und Violett bis Gelb und Weiß.

Wenn die Sommerblumen verblüht sind, kann man sich auf dem Balkon noch lange an der Blütenpracht der Astern erfreuen. Beim Gärtner kann man bis zum Oktober blühende Pflanzen kaufen, die man in die leeren Balkonkästen einpflanzt. Sie sollten in recht sonniger Lage stehen und vor Nachtfrösten geschützt werden. Wer es schafft, die Stauden über den Winter zu bringen, kann sie im Frühjahr ins Freiland verpflanzen. Dann kann man noch Jahre seine Freude daran haben.

Früchte im Herbst

Haselnüsse

Haselnüsse werden hauptsächlich in der Türkei, in Italien und in Spanien angebaut. Am besten schmecken sie kurz nach der Ernte. Geröstet entfalten sie ihren Eigengeschmack besonders gut.

Nach dem Ende der letzten Eiszeit in Mitteleuropa bildeten sich Wälder, in denen Birken und Kiefern vorherrschten.
Als es immer wärmer wurde, breitete sich der Haselstrauch aus und mit ihm die Eichhörnchen und ihre Feinde, die Baummarder.
In vielen Mischwäldern findet man heute ganze Gruppen oder an ihren Rändern Hecken aus Haselsträuchern.
Es gibt mehrere Haselarten, die der Mensch aus den Ursträuchern gezüchtet hat, um möglichst große Haselnüsse zu bekommen.
Sie werden im Oktober mit ihrer grünen Hülle geerntet und im Freien getrocknet. Dann lösen sich die Nüsse ganz von selbst aus ihren grünen Verpackungen heraus.

Haselnüsse erobern die Küche

Wenn im Frühjahr der Haselstrauch blüht, sind die länglichen Haselkätzchen weithin sichtbar. Männliche und weibliche Blüten wachsen an ein und demselben Strauch. Der Wind übernimmt die Befruchtung. Die einzelnen Sträucher können sehr alt werden, bis zu 100 Jahre und mehr.
Die Weihnachtsbäckerei ist ohne Haselnüsse nicht denkbar, und auf Weihnachtstellern oder in Nikolausstiefeln sollten sie auch nicht fehlen. Aus Haselnüssen wird ein schmackhaftes und gesundes Öl gewonnen.
Es gibt sogar Haselnußmehl, das bei der Herstellung von Backwaren verwendet wird. Nußtorten und Nußkuchen werden vorwiegend aus gemahlenen Haselnüssen hergestellt.

Mein kleiner Herbstgarten

Eine Salatschüssel bekommt für eine Weile Urlaub von der Küche und wird zum Wassergarten umgebaut. Die trüben Stellen am Glas werden später mit Essig wieder entfernt.

Sie heißen Froschlöffel und Seekanne, Pfeilkraut und Hechtkraut und sind nur einige der vielen Sorten, die im niedrigen Wasser gedeihen.
Am besten ist es, sich Ableger schenken zu lassen. Für einen Wassergarten, der nur die kurze Herbstzeit halten soll, tut es auch ein Ableger der Grünlilie oder ein anderer Ableger von Pflanzen, die Luftwurzeln bilden.
In Geschäften für Aquarienbedarf finden sich ebenfalls Pflanzen, die sich für einen Wassergarten im Zimmer eignen. Hier gibt es auch den Kies zu kaufen, mit dem der Wassergarten zur Hälfte ausgefüllt ist. Darüber werden Steine gelegt, die man an jeder Baustelle finden kann: Kieselsteine.
Pflanzen, die es mögen, »mit den Füßen« im Wasser zu stehen, werden in kleine Blumentöpfe gepflanzt und auf die Kieselsteine gesetzt. Die freie Wasserfläche wird mit bunten Schwimmkerzen ausgefüllt.

Wassergartenromantik

Wenn die Tage kürzer und die Abende länger werden, kann man es sich vor dem Wassergarten gemütlich machen: vorlesen, erzählen oder ganz einfach Abendbrot essen. Eine stimmungsvolle Beleuchtung sorgt für die richtige Herbstromantik und regt zum Träumen und Erzählen an.
So ein Wassergarten, wie er hier abgebildet ist, ist keine Einrichtung für die Ewigkeit. Im Frühjahr werden die Pflanzen wieder ausquartiert, nach draußen, wo sie sehnsüchtig auf den Sommer warten.

Bastelspaß

Ein Puppenhaus für mich allein

In diesem Puppenhaus ist man alles zugleich: Architekt, Bauherr und Besitzer.

Und so wird's gemacht

In eine große Schachtel wird eine kleinere gesetzt. Schon hat man zwei Stockwerke.
Den Deckel der kleineren diagonal durchschneiden und als Dach obenauf kleben.
Der unbedeckte Teil wird zum Dachgarten mit Zaun und Sonnenschirm. Fenster herausschneiden und von hinten mit Transparentpapier bekleben.
Die Treppe wird aus einem Kartonstreifen geknickt und oben und unten festgeklebt.
Die Möbel sind aus Streichholzschachteln; für Schubladen bieten sie sich geradezu an.
Stoffreste werden zu Wandbehängen, Bettzeug fürs Schachtelbett und Wäsche für Haus und Wäscheleine »umgearbeitet«, d.h. einfach kleingeschnitten.
Ebenso winziges wie preiswertes Puppengeschirr gibt es um die Weihnachtszeit in allen Spielzeuggeschäften. Fingerhüte und Verschlüsse von kleinen Flaschen tun's aber auch.
Was wäre ein Puppenhaus jedoch ohne Bewohner?
Wie man eine kleine Puppenfamilie aus einfachen Materialien bastelt, können Sie auf den nächsten Seiten nachlesen. Selbst kleinere Kinder können dabei schon mitmachen und ihre Geschicklichkeit erproben.

Wer mag, kann die »Zimmerwände« mit hellen Farben streichen, die Möbel bemalen, und mit etwas Geschick bekommen die Fenster Läden aus gefaltetem Papier.

Perlenpüppchen – so wird's gemacht

Man braucht für den Kopf eine etwas dickere und für die Hände zwei kleine runde Holzperlen aus dem Bastelladen, für die Füße viereckige Perlen oder Holzstückchen.
Hinzu kommen noch dünner Draht, Wolle und Stoffrestchen. Dann geht's los:

- Etwa 30 Zentimeter Draht abschneiden und durch die große Perle ziehen. Die beiden Drahtteile umeinanderwinden als Hals. Dann seitlich die Drähte spreizen und die kleinen Perlen einfädeln. Drähte wieder umeinanderwinden: Fertig sind die Arme.
- Nun die Drähte langziehen und die Füße einfädeln oder die Holz- oder Korkenstückchen mit Draht umwickeln. Den Rest Draht zum Körper hinführen und diesen stabil umwickeln.
- Jetzt nimmt man dünne Wolle und umwickelt alle Drahtteile, bis der kleine Kerl Speck ansetzt.
- Gesicht anmalen und Wolle, Hanf oder Fell als Haare ankleben.
- Kleider direkt am Körper ankleben oder mit wenigen Stichen befestigen.

So kann die fröhliche Puppenfamilie aussehen. Die Haare fertigt man aus Wollresten, die Kleider werden aus Stoffresten geschneidert. Für die Gesichter genügt ein wenig Farbe.

Ein Sonnenschirm gehört dazu

- Ein quadratisches buntes Papierstück in Viertel falten, danach in Achtel, dann in Sechzehntel. Am Rand einen Bogen schneiden, so daß der Schirm 16 Bögen hat.
- Auffalten und ein Sechzehntel herausschneiden, dann die beiden Schnittstellen zukleben.
- Nun noch ein Schaschlikstäbchen durch die Schirmspitze bohren und einen Korken als Fuß befestigen.

Wir spielen drinnen

Stoffverstecke

Und so wird's gemacht

Bei diesem Spiel können schon die Kleinen mitmachen, aber auch für Große ist es nicht langweilig. Gefragt ist das Kurzzeitgedächtnis, und da sind die Kleinen meist den Großen überlegen.

Am Anfang steht ein tiefer Blick in die Lumpentüte. Es gibt immer Kleidungsstücke, aus denen die Kinder herausgewachsen sind oder die sonstwie ausrangiert wurden, aber zum Verschenken nicht mehr taugen. Das ist genau das richtige.

- Aus möglichst unterschiedlichen Mustern entstehen viele Quadrate. Ein Maß von 14 mal 14 Zentimetern hat sich bewährt.
- Quadrate bügeln und Fransen abschneiden. Gesäumt wird nicht. (Später können dann alle Quadrate zu einem lustigen Kinderkissen in Patchworktechnik zusammengesetzt werden.)
- Dann braucht man noch einen dicken Würfel, der gut in der Kinderhand liegt.
- Außerdem: so viele kleine Gegenstände, wie Quadrate vorhanden sind.

Und schon beginnt das Spiel.Für kleinere Kinder legt man zunächst 16 Quadrate auf den Tisch. Dann werden den Kindern acht Pärchen gezeigt, die sie später unter den Stoffverstecken suchen sollen.

Zwei Gummibärchen
Zwei Fingerhüte
Zwei Groschen
Zwei Knöpfe
Zwei Murmeln
Zwei Kastanien
Zwei Gardinenringe
Zwei Gummitierchen

Aus Stoffresten wird dieses lustige Spiel gebastelt.

- Wenn alles betrachtet ist, drehen sich die Kinder um, und der Spielleiter versteckt die kleinen Dinge unter den Quadraten. Erst wenn alles versteckt ist, dürfen sich die Kinder wieder umdrehen
- Jetzt wird gewürfelt. Wer sechs oder fünf Augen würfelt, darf noch einmal würfeln. Denn nur wer ein, zwei, drei oder vier Augen gewürfelt hat, darf Quadrate hochheben.
- Liegt die doppelte Anzahl von Quadraten auf, gelten natürlich auch fünf und sechs Augen!
- Hat ein Kind beispielsweise vier Augen gewürfelt, darf es vier Quadrate hochheben. Aber es muß vor dem Hochheben sagen, was es darunter vermutet. Das ist ganz wichtig, damit das Spiel nicht zu einem »stummen« Spiel wird.

Kinder sind große Spielregelerfinder. Das Stoffversteckspiel regt Kinder zu recht vielen Spielvarianten an. Viel Spaß beim Erfinden, beim Suchen und Entdecken!

- War die Voraussage falsch, wird der Gegenstand wieder zugedeckt. Zugedeckt wird auch, wenn nur Einzelgegenstände aufgedeckt wurden.
- Wird ein Pärchen gefunden, legt das Kind dieses vor sich hin. Das Stoffversteck bleibt leer.
- Wer die meisten Pärchen hat, ist Sieger und darf in der nächsten Runde die Pärchen neu verstecken.

Natürlich kann man diese Spielregeln je nach Wunsch verändern. Wichtig ist aber, daß alle mit den Regeländerungen einverstanden sind.

Spielvariante

Es werden so viele Quadrate auf dem Tisch ausgebreitet, wie gerade vorhanden sind oder wie der Tisch faßt. Diesmal keine oder nur wenige Pärchen verstecken und die Gegenstände auch vor Spielbeginn nicht zeigen, sondern klammheimlich unter die Quadrate legen.

- Beim Würfeln gilt: So viele Augen, so viele Quadrate hochhheben, allen zeigen und wieder zudecken.
- Wurden etwa die Hälfte oder alle Quadrate schon einmal aufgedeckt, so muß jeder vor dem Hochheben mitteilen, was er im Stoffversteck vermutet. Stimmt es, darf er den Gegenstand vor sich hinlegen. War es falsch, bleibt der Gegenstand liegen. Das Quadrat kommt in jedem Fall wieder an seinen Platz.
- Ziel ist es, möglichst viele Gegenstände zu erraten und damit auch zu bekommen.
- Die wenigen versteckten Pärchen müssen mit einmal Würfeln aufgedeckt werden. Zur Belohnung gleich wieder würfeln!
- Es ist zu bedenken, daß Vorschulkinder mit dieser Regel vielleicht überfordert sind. Schulkinder hingegen können hier ihre Konzentration beachtlich üben.

Nach dem Spiel sieht die bunte Stoffversteckwiese etwas gebeutelt aus. Dagegen hilft gemeinsames Bügeln.

- Bei Kindergeburtstagen dürfen alle gewürfelten und richtig benannten Gegenstände behalten und als Erinnerung mit nach Hause genommen werden.
- Ansonsten empfiehlt es sich, einen Kasten mit Würfel, Quadraten und paarweisen Gegenständen griffbereit zu haben, wenn die Kinder spielen wollen. Dann kommt niemals Langeweile auf.
- Kinder möchten bekannte Dinge wiederfinden. Kleinere Kinder können manchmal sogar darauf bestehen, daß ganz bestimmte Gegenstände immer unter bestimmten Stoffquadraten liegen. Den Gefallen sollte man ihnen tun.

Übrigens: Das Spiel sollte nicht allzu lange ausgedehnt werden, damit die Kinder bei nachlassender Konzentration nicht zu viele Mißerfolge haben. Dann kann es geschehen, daß sie die Lust verlieren. Besonders bei kleineren Kinder ist das häufig der Fall.

Bei einem Naturmemory werden nur Gegenstände aus der Natur unter die Stoffquadrate gelegt: kleine Tannenzapfen, Steine, Blätter, Blümchen, Zweiglein, Eicheln usw.

Am siebzehnten Oktebruar

Am siebzehnten Oktebruar
geschehn die tollsten Sachen.
Man kann an diesem Tag im Jahr
fast alles möglich machen.

Man schmaust als Feiertagsgericht
die leckren Hundeeier,
auf Eis gekocht bei Mondenlicht
und abgekühlt im Feuer.

Auch kauft man sich an diesem Tag
die Kleider nur in Flaschen.
Und wer ein Kleid nicht leiden mag,
der trägt halt nur die Taschen.

Am siebzehnten Oktebruar,
wenn uns die Katzen grüßen,
trägt man Sandalen auf dem Haar
und Hüte an den Füßen.

Dann wärmt der Mond, die Sonne schneit.
Ein Stern fängt an zu regnen.
Und oft kann man zur Mittagszeit
dem Sandmann schon begegnen.

Die Fische in Aquarien
erzählen sich Geschichten,
sie singen lange Arien
und fangen an zu dichten.

Am siebzehnten Oktebruar
trinkt man gesalzne Weine,
und dazu futtert man ein paar
gesüßte Ziegelsteine.

Die Katzendamen in der Stadt,
die kaufen neue Schwänzchen,
und jeder Herr, der Spaß dran hat,
besucht das Damenkränzchen.

Auf Dächern treiben Schlittschuhsport
die Alten und die Kinder.
Und jede Stadt und jeder Ort
steht kopf – mehr oder minder.

Den siebzehnten Oktebruar,
den feiern alle Länder.
Nur eines stört, und das ist klar:
Er steht nicht im Kalender!

JAMES KRÜSS

Bastelspaß zum Verschenken

Merkblätter auf der Leine

Große und kleine Leute müssen leider oft feststellen, daß sie etwas vergessen haben, was sie unter keinen Umständen vergessen wollten. Ob das der Turnbeutel für die Schule ist oder der Geburtstag der Patentante oder die Wachsreste für den Kindergarten, immer ist es ärgerlich. Damit ist jetzt Schluß!

Die Merkblätter auf der Leine eignen sich besonders gut zum Verschenken, weil es sich hier um eine sehr liebevolle Gedächtnisstütze handelt.

So wird's gemacht

Die Rückseite eines Zeichenblocks oder ein anderer fester Karton wird mit Stoff oder Filz beklebt. Nimmt man zum Kleben doppelseitiges Klebeband, kann man ganz sicher vor Flecken im Stoff sein.
Nun wird der Stoffüberzug, sofern der Stoff keine eigenen Muster hat, mit Filzrestchen phantasievoll und hübsch beklebt. Dann befestigt man drei Kordelstücke oder bunte Schnürriemen rechts und links auf dem Karton mit einem Faden, der auf der Rückseite verknotet wird. Am besten einen Tesastreifen über den Knoten kleben, damit er nicht durchrutschen kann. Zum Aufhängen ein Kordelstückchen ankleben oder einen kleinen Bildaufhänger. Dieser muß genau in der Mitte sitzen, sonst rutscht der Karton über Eck.
Jetzt braucht man noch bunte Merkzettel und kleine Klammern, damit alle Notizen auch wirklich gut sicht- und merkbar zur Geltung kommen können.

Schuhe abholen
Mittwoch
Schere
Papier
Klebstoff
Lineal
Donnerstag
Petra anrufen

Kleine Bücher – ganz groß

Als Oma noch ein Schulmädchen war, da hatte sie zwei Dinge: ein Poesiealbum und ein Tagebuch.
Das aufgeschlagene Poesiealbum auf dem Bild rechts ist 115 Jahre alt. Die kleineren Bücher gibt es derzeit überall preiswert zu kaufen. Aus ihnen können Tagebücher und Poesiealben der ganz besonderen Art gemacht werden.

- Wer noch nicht schreiben kann, bemalt oder beklebt so ein Büchlein Seite für Seite. Der Beschenkte wird darin eine kleine Kostbarkeit sehen, denn so ein Geschenk ist ganz und gar einmalig.
- Wer schon schreiben kann, gestaltet ein Tagebuch zum Verschenken. Großeltern, die weit weg wohnen und am Leben der Enkel nicht täglich teilnehmen können, werden sich über einen solchen Einblick ins Kinderleben ganz besonders freuen. Da lesen sie dann etwas über eine Klassenfahrt, über einen Zoobesuch, über einen Kindergeburtstag oder über ganz alltägliche Ereignisse, die Kinder für aufschreibenswert halten. Dazu wird nach Herzenslust gemalt oder geklebt, denn auf jeden Fall soll es ein hübsches kleines Buch werden.
- In so einem kleinen Buch kann man auch Verse notieren, die der Beschenkte ganz besonders mag: witzige oder klassische Lebensweisheiten, Rätsel, Reime oder kleine Liebeserklärungen, etwa zum Muttertag oder für ganz besondere Anlässe. Großbuchstaben kann man ausschneiden und aufkleben, ebenso Ornamente. Dann sieht es innen in dem Buch wie in einem richtigen Buch aus.
- Man kann auch Sprüche, Bauernregeln oder ähnliches in so ein Büchlein kleben. Das setzt aber voraus, daß

Ein selbstgebasteltes Tagebuch oder Poesiealbum ist ein sehr individuelles Geschenk.

Rosen,
Tulpen,
Spinnenbein
Willst Du
meine
Freundin sein
? Clara

Die Seiten des Poesiealbums kann man mit lustigen Zeichnungen oder eingeklebten Glanzbildern schmücken.

solche Dinge eine Weile vorher gesammelt werden. Zu finden sind sie in Kalendern, Zeitschriften, auf Postkarten oder in Broschüren. Man muß eigentlich nur genau wissen, was das Herz des Beschenkten höher schlagen lässt:

Mag er Hunde? Mag er Katzen? Spielt er Klavier? Sprüche gibt es genug. Und sobald man weiß, was man sucht, taucht es überall auf.

- Und schließlich, weil es Spaß macht und eine so wunderbar alte Sitte ist, werden die kleinen Bücher zu Minipoesiealben gestaltet, sozusagen zu Westentaschenpoesiealben. Hineinschreiben darf jeder, der einen Spruch kennt und bereit ist, auch ein Glanzbild einzukleben, wenn auch ein kleines. Ohne Glanzbilder läuft gar nichts. Das war schon zu Omas Zeiten so.

Bilder und Sprüche

Etwa 1870 kamen die Glanzbilder auf den Markt und waren gleich ein Renner. Sie heißen auch Oblaten, Reliefbilder, Prägebilder oder Lebkuchenbilder, weil sie zunächst um die Weihnachtszeit auf die Lebkuchenmänner geklebt wurden. Vereinzelt trifft man heute solche Nikoläuse wieder an. Und die Glanzbilder von damals sind auch wieder im Kommen, zum Teil von den ganz alten nur schwer zu unterscheiden.

»Rosen, Tulpen, Spinnenbein, willst Du meine Freundin sein?« Weitere Sprüche für ein richtiges, schönes, altmodisches Poesiealbum stehen auf den Seiten 214 und 215. Viel Herz und Schmerz, das muß ganz einfach sein. Und verschenken läßt sich so etwas auch:

- An eine Mitschülerin, die umzieht
- An nette Hausgenossen
- An Freunde oder Verwandte.

Wichtig ist eigentlich nur, daß dem Beschenkten alle Albumschreiber bekannt sind.

An
Oma Lore
zu Hause

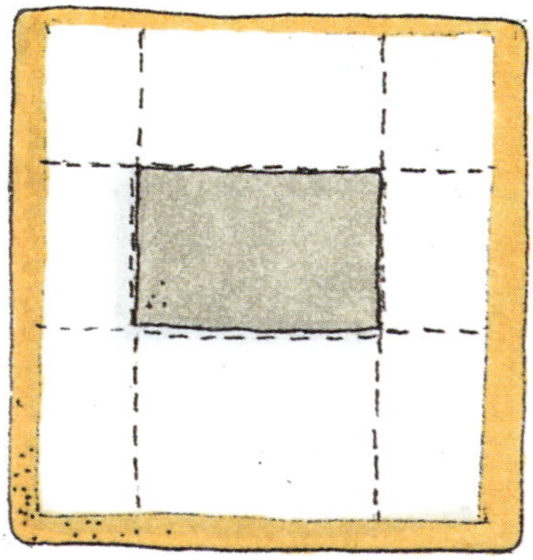

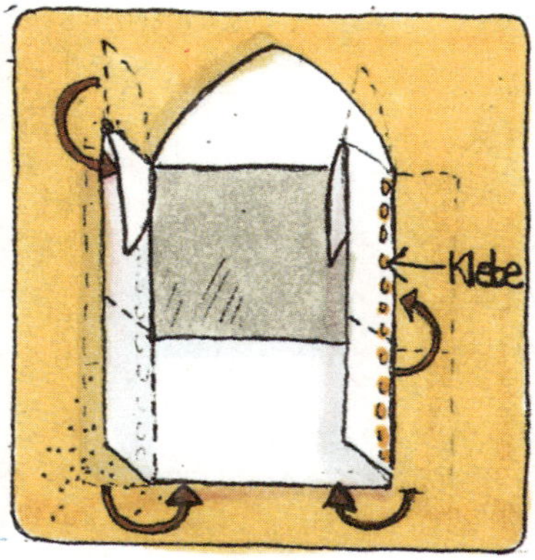
Klebe

Bastelspaß zum Verpacken

Riesenumschläge und Minis

Die Zeiten sind vorbei, in denen Geschenkpapier, Schleifchen und Bänder nach dem Auspacken überwiegend in den Müll gewandert sind. Heute wird darauf geachtet, ob all die Dinge, die wir zum Verpacken brauchen, wieder verwendbar sind. Riesenumschläge und Minis sind eine echte Alternative zu Glitzerpapieren, die zwar das Auge kurzfristig erfreuen, aber der Umwelt große Probleme bereiten. So ein großer Umschlag aus Packpapier läßt sich wieder und wieder verwenden.

Und so wird's gemacht: Je nach gewünschter Größe braucht man als erstes einen steifen Karton wie etwa die Rückseite eines Zeichenblocks und eine Rolle Packpapier. Karton auf das Packpapier legen und die Längsseite von oben und unten einschlagen,

wie es die Zeichnungen unten zeigen. An den Schmalseiten so viel stehenlassen, daß man den Umschlag bequem seitlich zukleben kann. Seitenklappen einknicken. Alles wieder auffalten und Breitseite zur Umschlagspitze von der Mitte bis zum Knick abschrägen. Spitze Kanten rechts und links eindrücken und nach innen falten. Umschlag seitlich zusammenkleben. Fertig.
Eine Phantasiebriefmarke mit zwei Kreisen als Poststempel macht den Umschlag so richtig wichtig, zumal wenn noch groß »Post« darauf steht. Je größer so ein Umschlag ist, desto größer ist auch die Wirkung. Und da man ihn wirklich oftmals verwenden kann, steht einem Riesenumschlag, selbst für kleinere Dinge, eigentlich nichts im Wege. Umgekehrt machen Miniumschläge wegen ihrer ungewohnten Kleinheit genauso großen Eindruck. In so einem Miniumschlag steht dann der Glückwunsch oder eine kleine Liebeserklärung.
Viel Spaß beim Verschenken und Verpacken!

Sammeln, sortieren, aufbewahren

Herbstkostbarkeiten

Indem sie sich jedem Stück, das sie aus der herbstlichen Natur mitgebracht haben, liebevoll zuwenden und Sorge dafür hegen, nehmen Kinder den Herbst ganz bewußt wahr.

Der Herbst gibt freiwillig, was er nicht in den Winter mitnehmen kann.
Während alle Blätter rasch welken, haben die Herbstfrüchte ein längeres Leben.
Um sich eine Weile an allem freuen zu können, wird eine Schachtel mit Holzspachteln oder Ästchen beklebt und mit Rollen und Hülsen dicht bei dicht gefüllt.
Ein Teil der offenen Vorderseite wird umgedrückt und als Fensterbank eingerichtet. Winzige Blumentöpfe, die man im Frühjahr gut zur Anzucht von Pflanzen gebrauchen kann, zieren die Fensterbank.
Und dann wird in Hülle und Fülle in die Rollen, Hülsen und Töpfchen das bunte Herbstgut verteilt.
Ganz hinten die großen Zweige, dann immer niedriger bis zu den Früchten in der vordersten Reihe.
Ein praller Garten voller Herbstkostbarkeiten, wie es sie nur einmal gibt im ganzen Jahr.

Das eignet sich für einen Trockengarten:

- Hagebutten am Zweig
- Kastanien in vielen Größen und Formen
- Trockenblumen
- Buntes Laub in allen Formen und·Farben

Wenn die Tage kürzer werden, kann man seine Schätze immer wieder mal hervorkramen und sich daran satt sehen. Vielleicht erinnert die ein oder andere Kostbarkeit an einen schönen Ausflug in den herbstlichen Wald oder an einen vertrauten Platz, an dem man mit Freunden herrliche Stunden verbracht hat.

Die Jahreszeit erleben – Herbstlaubspiele

»Winterdürr der Wald
und am Boden welkes Laub,
ganz von Rauhreif überzogen,
darauf herab fällt
des Mondes kalter Glanz«

(Fujiwara no Kiyosuke).

- Wenn die Blätter von den Bäumen fallen und der Wind so freundlich ist, sie alle miteinander auf eine Stelle zu treiben; dann sollte jedes Kind einmal die Chance haben, sich in diesem bunten Haufen zu suhlen wie ein Wildschwein.
  Im Zeitalter von Waschmaschine und Ökowaschpulver kann das Schmutzigmachen der Kleider bei so einem Erlebnis eigentlich kein Thema sein.
- Mit den Füßen durchs Laub schlurfen, das ist wohl ein echter Kindertraum, gegen den aber mancher Erwachsene etwas einwenden möchte. Doch es gibt keine stichhaltigen Einwände. Dieses Laubaufwirbeln muß sein. Erwachsene sollten es sich auch selbst einmal gönnen.
  Wie das riecht – das ganze Jahr lang duftet es nicht so. »Schlurfen und genießen« heißt die Parole.
- Warum fällt eigentlich im Herbst das Laub von den Bäumen?
  Die Bäume »ahnen« den Winter und richten sich auf den kommenden Frost ein. Wenn die Erde gefroren ist, finden die Wurzeln nicht mehr genügend Wasser, um damit das Blattwerk zu ernähren. So fangen die Bäume bereits im Herbst an, den grünen Farbstoff, das Chlorophyll, aus ihren Blättern zu ziehen und in Stamm und Wurzeln zu speichern. Die Blätter verlieren dadurch ihr Grün und werden bunt. Aber sie haben keine Kraft mehr und fallen ab. Sobald sie abgefallen sind, fangen sie an zu welken und werden braun. Der Baum aber ist gerüstet für schlechte Zeiten. Er muß keine Blätter mehr ernähren. Er sorgt nur

noch für Stamm und Wurzeln, bis das Frühjahr kommt und der Kreislauf von neuem beginnt.

- Frischgefallenes Laub sammeln. Man muß sich beeilen, wenn man die leuchtenden Blätter aufheben und nach Hause tragen will. Ihr Leben ist fast schon Vergangenheit, sobald sie vom Baum fallen. Zu Hause nimmt man einen leeren Bilderrahmen und befestigt mit durchsichtigem Klebeband rund um den Rahmen die Stengel der Blätter, bis ein nicht zu dichter Kranz entsteht, der viel Licht durchläßt. Man kann den Rahmen vor das Fenster hängen und das Tageslicht oder die Herbstsonne hindurchscheinen lassen, oder man stellt im Dunkeln ein Teelicht hinter den Rahmen. So bunt ist der Herbst, ein großartiger Maler!

Herbstblätter beim Pressen am besten zwischen Löschblätter legen und danach beidseitig mit Haarspray besprühen. So erhalten sie einen mattseidenen Glanz.

Wer findet die größten Blätter? Rot, Gelb, Ocker, Grün und Braun sind die Farben des Herbstes. Man kann die Blätter auch wunderschön nach Farben sortieren.

Lustige Kastanienmännchen

Roß und Reiter aus Roßkastanien

Ob Zwerge, Männchen oder Tiere: Aus Kastanien lassen sich die lustigsten Figuren basteln. Dazu braucht man Kastanien, Bucheckernhülsen, Eicheln und dünne Zweiglein, die ruhig auch krumm sein dürfen, etwas Klebstoff (Alleskleber) und einen Bohrer zum Vorbohren, dazu noch etwas Phantasie – und schon geht's los!
Die Bilder geben Anregungen für Bastelideen. Doch der eigenen Kreativität sind keine Grenzen gesetzt.

Leider schrumpfen Kastanien sehr schnell, weil sie austrocknen. Aber wenn der »Kastanientierzoo« mit der Zeit unansehnlich wird, bleibt ein Trost: Der nächste Herbst kommt bestimmt.

Die lustige Maus hat Ohren aus Bucheckernschalen. Die Füße und das Schwänzchen bestehen aus getrockneten Zweigen.

Mit Kastanien, getrockneten Laubblättern, Bucheckern, getrockneten Pilzen sowie Pflaumen- und Kirschkernen lassen sich auf einer runden, mit Kork beklebten Sperrholzplatte schöne Ornamente gestalten.

Die stille Zeit im Jahr

Advent

Wir sagen euch an den lieben Advent.
Sehet, die erste Kerze brennt!
Wir sagen euch an eine heilige Zeit.
Machet dem Herrn die Wege bereit!
Freut euch, ihr Christen, freuet euch sehr!
Schon ist nahe der Herr!

Wir feiern den 1. Advent

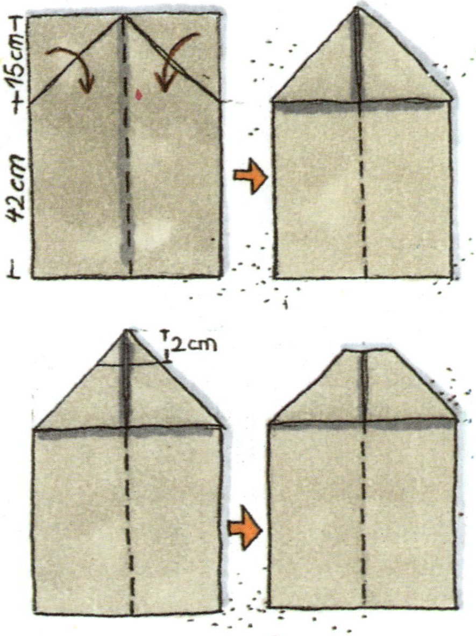

Weihnachtlicher Flieger

Dieser Flieger ist mal etwas ganz anderes!
Man kann ihn bei Kerzenlicht im Zimmer fliegen lassen oder als Fensterschmuck ans Fenster hängen.

Das braucht man

- Schwarzes Tonpapier (DIN A3)
- Buntes Transparentpapier
- Schere
- Klebstoff.

Nun kann die Bastelei losgehen!

So wird's gemacht

- Den Papierflieger nach Anleitung basteln.
- Von den Faltkanten her schneidet man nach Belieben halbe Sterne, Halbkreise und andere geometrische Formen in den Flieger ein und hinterklebt diese mit buntem Transparentpapier.
- Es empfiehlt sich, den Flieger mit seinen Einschnitten zuerst auf normalem Papier zu üben.
- Und nun: Guten Flug!

Übrigens kann man mit diesem Flieger auch spannende Wettkämpfe veranstalten.

- Wessen Flieger legt die längste Strecke zurück?
- Welcher landet einem bestimmten Ziel am nächsten?

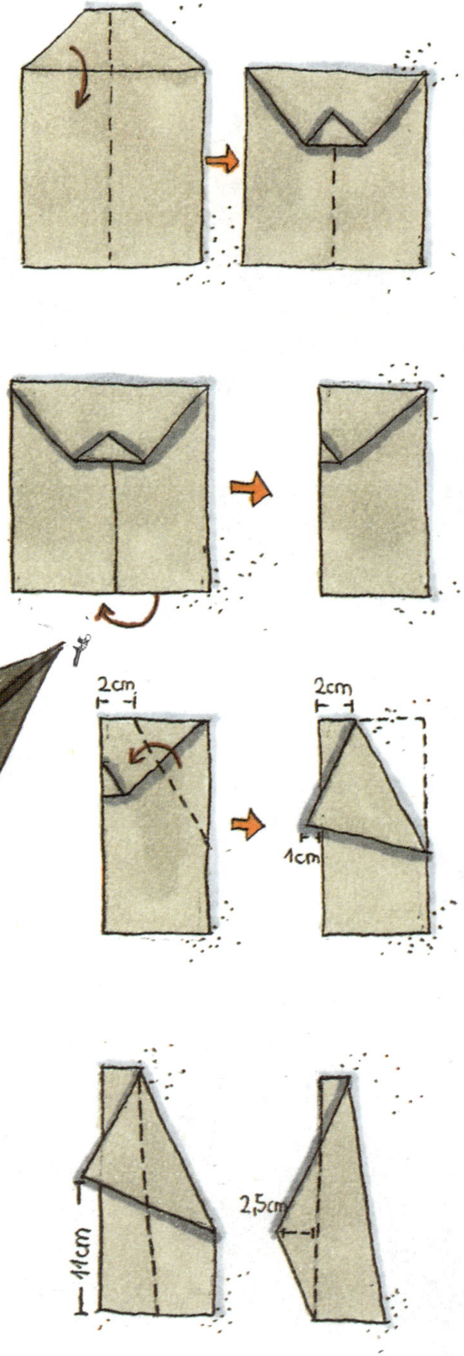

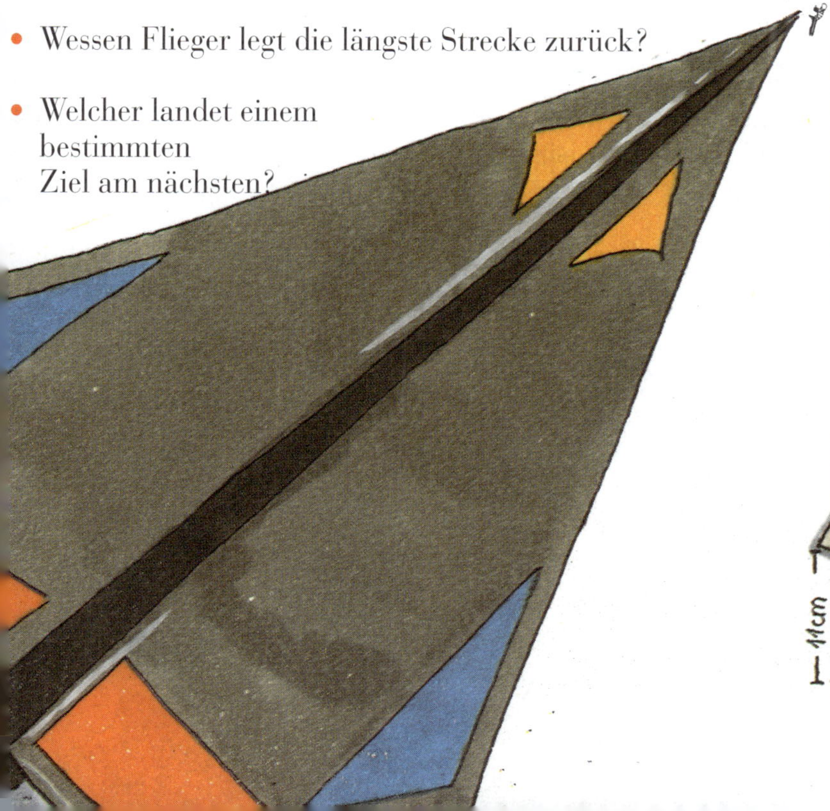

Wir sagen euch an den lieben Advent.
Sehet, die zweite Kerze brennt!
So nehmet euch eins um das andere an,
wie auch der Herr an uns getan!
Freut euch, ihr Christen, freuet euch sehr!
Schon ist nahe der Herr!

Wir feiern den 2. Advent

Adventsfrühstück

Wenn's draußen kalt und grau ist und man schon gar keine Lust hat aufzustehen, dann kann man sich ein wenig Stimmung mit einem gemütlichen Adventsfrühstück ins Haus holen. Den Tisch kann man mit ein paar Reisigzweigen und dem Adventskranz schmücken. Alle können mithelfen!

Und das ist die Speisekarte: • Adventspunsch • Gefüllte Bratäpfel • Froschburg

Adventspunsch

Zutaten für 4 bis 6 Personen:

1/2 Liter Orangensaft • 1 ausgepreßte Zitrone
1 Liter Früchtetee

Zubereitung:

• 1 Liter Wasser in ei
Topf aufkoc

lassen und dann 3 Früchteteebeutel hineingeben. 10 Minuten ziehen lassen.
• Den Orangensaft und den ausgepreßten Zitronensaft zu dem Tee schütten.
• Nach Bedarf mit Honig süßen.
• Heiß servieren!

Gefüllte Bratäpfel

Zutaten: • pro Person 1 Apfel • Marmelade • etwas Zitronensaft • gehackte Nüsse
Zubereitung: • Die Äpfel waschen und das Kerngehäuse mit einem Messer vom Stielende oben her herausschälen. • Das Apfelinnere mit etwas Zitronensaft beträufeln. • Dann mit Marmelade und gehackten Nüssen füllen. • Im Backofen bei 200°C etwa 30 Minuten auf der mittleren Schiene backen.

Froschburger

Zutaten: • 4 flache Sesambrötchen • etwas Quark • 4 Kiwifrüchte • 8 Rosinen • 4 EL Haferflocken
Zubereitung: • Die Brötchen so aufschneiden, daß auf einer Seite die Hälften noch zusammenbleiben.
• Die unteren Hälften mit Quark bestreichen und mit jeweils 1 Eßlöffel Haferflocken bestreuen.
• Kiwi schälen und in etwa 1/2 Zentimeter dicke Scheiben schneiden.• Jeweils 2 Scheiben werden als Füße unter das Brötchen gelegt, zwei weitere Scheiben links und rechts als Schenkel angelegt. • Mit 2 Quarktupfern und den Rosinen werden die Augen aufgedrückt.

Wir sagen euch an den lieben Advent.
Sehet, die dritte Kerze brennt!
Nun tragt eurer Güte hellen Schein
weit in die dunkle Welt hinein!
Freut euch, ihr Christen, freuet euch sehr!
Schon ist nahe der Herr!

Wir feiern den 3. Advent

Knusperhäuschen

Das braucht man für den Pfefferkuchenteig: 500 Gramm Zucker • 6 Eier • abgeriebene Schale von 1 Zitrone • je 1/2 Teelöffel Zimt, Kardamon, Ingwerpulver und abgeriebene Muskatnuß • 1 gestrichenen Eßlöffel weißen Pfeffer • je 100 Gramm feingewürfeltes Zitronat und Orangeat • 1 Kilogramm Mehl • 20 Gramm Backpulver • 2 Kuchenbleche, die mit etwas Butter oder Margarine eingefettet werden (noch besser geht's mit Backpapier)

Für den Zuckerguß: • 250 Gramm Puderzucker • 2 Eiweiß

Zum Verzieren des Häuschens: • kleine Lebkuchen (rechteckige, runde, herzförmige) • Schokolinsen • Schokoladenstreusel usw.

Zum Hausbau: • 1 Lineal • Zeitungspapier • Bleistift • Schere

So wird's gemacht:

- Der Teig: Die Eier schaumig rühren. Zucker dabei einrieseln lassen. Zitronenschale, Gewürze, Zitronat und Orangeat zugeben und unterrühren. Das Mehl mit dem Backpulver mischen, über die Ei-Zucker-Mischung sieben und zu einem geschmeidigen Teig kneten. Den Teig in zwei Hälften teilen und auf den Backblechen etwa 1/2 Zentimeter dick ausrollen. Den Pfefferkuchenteig auf der mittleren Schiene etwa 10 Minuten im vorgeheizten Backofen bei 180°C backen.
- Eine Pfefferkuchenplatte wird mit einem Messer in warmem Zustand quer in der Mitte geteilt. Ausschnitt für den Schornstein ausschneiden.
- Auf das Zeitungspapier werden die Hauswände und der Kamin wie angegeben aufgezeichnet und ausgeschnitten, dann auf die zweite Pfefferkuchenplatte gelegt und möglichst genau ausgeschnitten. Fenster und Türen nach Belieben einschneiden.
- Aus dem Puderzucker und dem Eiweiß wird eine glatte Klebemasse hergestellt.
- Auf einem Brett werden nun die vier Hauswände aufgestellt und mit Zuckerguß aneinandergeklebt. Mit Stecknadeln kann man die Mauern gegen Verrutschen sichern. Dann werden die beiden Dachhälften aufgeklebt. Zum Schluß den Kamin aufsetzen.
- Das Häuschen austrocknen lassen, bis die Zuckermasse und der Teig ausgehärtet sind. Stecknadeln wieder herausziehen!
- Nun das Häuschen mit den Lebkuchen und Süßigkeiten bekleben. Mit einem Spritzbeutel die restliche Zuckermasse als »Schnee« aufspritzen. Das Häuschen über ein angezündetes Teelicht stellen, und schon heißt's: »Knusper, knusper Knäuschen ...«

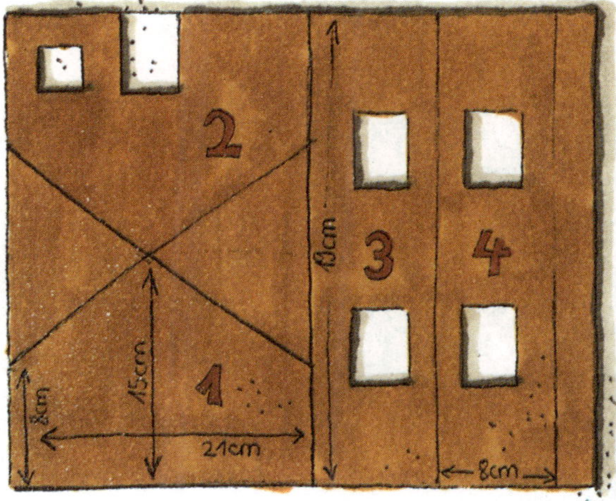

Wir sagen euch an den lieben Advent.
Sehet, die vierte Kerze brennt!
Gott selber wird kommen, er zögert nicht.
Auf, auf, ihr Herzen, und werdet licht!
Freut euch, ihr Christen, freuet euch sehr!
Schon ist nahe der Herr!

Wir feiern den 4. Advent

Advent kommt vom lateinischen »adventus«, das »Ankunft« bedeutet. Wir warten in der Adventszeit auf die Ankunft Jesu Christi.

Eine Krippe aus Naturmaterialien

Im Herbst stecken Wald und Feld voller Materialien, die das Bastlerherz höher schlagen lassen. Für diese Krippe braucht man eine Wurzel aus dem Wald und ein Bündel Stroh vom Feld. Dann noch ein wenig Heu, Stroh und Moos, um die Hütte damit auszulegen. Alle Figuren, auch die Schafe, sind nach einem Grundmuster hergestellt, das auf Seite 228 beschrieben ist.
Für diese Krippenfiguren wurden statt der dicken Kopfperlen Kastanien geschält und zu Gesichtern geschnitzt und angemalt. Solange die Kastanien weich sind, geht das Schnitzen mühelos. Aber nach einer Weile schrumpeln die Kastanien. Da es aber sowieso keine Krippe für lange Dauer sein soll, ist das Kleinschrumpfen der Kastanienköpfe eigentlich kein Problem. Perlenköpfe sind genauso schön und halten zudem länger. Die Kleider sind angeklebt, zum Teil mit Stecknadeln festgesteckt. Die Tiere sind Drahtpüppchen, die auf alle viere gestellt wurden. Die Schafe kann man mit Watte oder, falls vor-

ıanden, mit ungesponnener Schafwolle umwickeln. \llerlei Fellrestchen finden hier Verwendung, ebenso 3änder, Rüschen und Bordüren, die nur lose angeheftet verden, damit man sie noch einmal verwenden kann.)as Kind in der Krippe liegt auf Heu und auf Stroh, ;enauso wie es im Weihnachtslied heißt. Arme und Beine ind mit Stoff bedeckt, nur der Kopf guckt raus. Viele 3chafe machen eine Krippe so richtig heimelig. Hier :önnen auch schon die Kleinen mitmachen, wenn die Großen es übernehmen, die Körper aus Draht herzustelen. Eine Lichterkette umrahmt zum Schluß die Krippe. etzt kann es Weihnachten werden ...

Eine Weihnachtskrippe, aus herbstlichen Naturmaterialien selbst gebastelt, verbreitet eine ganz besondere Adventstimmung.

Mein Ha

September

23.9. Herbstanfang

24.9. Sternzeichen Waage – bis 23.10.

Oktober

1. Sonntag Erntedank
16.10. Kartoffelfest
(in einigen Gegenden)
24.10. Skorpion –
bis 22.11.
Letztes Oktoberwochenende:
Die Uhr wird eine Stunde
zurückgestellt.
31.10. Halloween

...t Tagebuch

November

.11. Allerseelen
11.11. Sankt Martin
11.11. Faschingsbeginn
23.11. Sternzeichen Schütze – bis 21. Dezember

Dezember

Vier Adventssonntage
1.12. Erstes Türchen vom Adventskalender öffnen
4.12. Barbarazweige schneiden (Kirschen, Zieräpfel)
6.12. Nikolaus
22.12. Winteranfang

So endet diese Jahreszeit

Wem es gelingt, sich zumindest zeitweise der vorweihnachtlichen Hektik zu entziehen, kann die Beschaulichkeit, die Ruhe, aber auch den stillen Glanz dieser Wochen vor dem Weihnachtsfest genießen.

Am 21. Dezember geht auf dem Kalender der Herbst zu Ende, und am Tag darauf ist bereits Winter.
Meistens schneit es aber schon im November, und zu Weihnachten weht eine Art Frühlingsluft durchs Land, bevor auch der Winter im neuen Jahr zeigt, was er kann.
Im Herbst ist Advent, und früher als erwartet tönen aus den Läden und Kaufhäusern Weihnachtslieder. Wunschzettel werden geschrieben und Stollen und Lebkuchen gebacken.
Da es sehr früh dunkel wird, gibt es plötzlich mehr Zeit füreinander, zumal dann, wenn es draußen langsam ungemütlich wird.

Zu Hause wird's heimelig

Basteln, Spielen, Vorlesen und Singen gehören zum Herbst wie das Laub auf den Wiesen.
Wenn der Herbst zu Ende geht, steht Weihnachten unmittelbar vor der Tür.
Augen, Ohren, Nasen und Hände haben jetzt viel zu tun. Es wird immer weihnachtlicher. Christbäume werden reihenweise zum Kauf angeboten. Welchen Baum nehmen wir dieses Jahr – und vor allem, wie schmücken wir ihn? Wunschzettel werden geschrieben, und hier und da tauchen Schachteln auf, in denen sich Geheimnisse befinden. Stollen werden gebacken, und es duftet überall nach Gebäck. Jetzt ist Weihnachten nicht mehr weit, und die Vorfreude wird immer größer. Wird es schneien? Wenigstens am Heiligen Abend? Aber selbst wenn es nicht schneit, besteht kein Zweifel: Der Winter ist da!

Der Winter

In den Wintermonaten hat man manchmal den Eindruck, es gäbe nahezu keinen Wechsel von Tag und Nacht oder zumindest zwischen Tag und Dämmerung. Der Tag beginnt grau, bleibt grau und geht dann bereits am frühen Nachmittag in die Abenddunkelheit über.

Tag und Nacht entstehen dadurch, daß sich die Erde an einem Tag um sich selbst dreht. Auf der Seite der Erde, die von der Sonne beschienen ist, ist Tag, während auf der Schattenseite Nacht herrscht. Hinzu kommt, daß sich die Erde im Laufe des Jahres auch noch um die Sonne dreht, wodurch wir die Jahreszeiten Frühling, Sommer, Herbst und Winter erleben.
Im Winter dreht sich die Erde mit ihrer nördlichen Halbkugel von der Sonne weg, denn sie steht schräg zu ihr. Wir sehen sie dann von der Erde aus immer niedriger und nur für kurze Zeit am Himmel. Es sieht fast so aus, als wäre sie viel zu schwach für ihre lange Wanderung

über den grauen Himmel.

Am 21. Dezember steht die Sonne am tiefsten. Das ist die längste Nacht und der kürzeste Tag. In manchen Ländern, die noch weiter nördlich liegen, ist es den ganzen Tag dunkel. Wir nennen diese düsteren Tage die »Polarnächte«. Dann ist »Wintersonnwende«, die Erde dreht sich immer weiter, wieder der Sonne entgegen, die Tage werden länger und die Sonnenstrahlen kräftiger. Umgekehrt ist es auf der anderen Seite der Erdkugel, also beispielsweise in Australien. Die südliche Seite wird am 21. Dezember voll von der Sonne beschienen, und dort ist in brütender Sommerhitze der längste Tag und die kürzeste Nacht.

Die Menschen auf dem Land erleben den Jahreszyklus ganz besonders intensiv. Insbesondere dann, wenn sie Ackerbau betreiben. Ihr Lebensrhythmus wird von den Jahreszeiten bestimmt, von Wärme und Kälte, von Sonne und Regen und natürlich von Tag und Nacht.

Ein Baum im Wandel der Jahreszeiten

Die Kastanie im Winter

Wenn das Land von Schnee und Eis bedeckt ist, finden die Tiere nur mit Mühe etwas zu fressen. Hirsche und Rehe stehen dichtgedrängt, um sich zu wärmen, und die Wildschweine durchstreifen hungrig den Wald. Jetzt muß der Wildhüter reglmäßig Zusatzfutter bereitstellen, und zwar u. a. Kastanien. Da heißt es im Herbst fleißig sammeln. Auch im Zoo ist man froh um solche Futtergaben. Für Menschen eßbare Kastanien gibt es auch. Sie heißen »Maroni« und werden geröstet auf allen Weihnachtsmärkten angeboten. Allerdings stammen sie nicht von der hier abgebildeten Roßkastanie, sondern von der Eß- oder Edelkastanie.

Es ist still geworden hier draußen, seit der erste Schnee fiel. Manchmal kommt ein Hase vorbei und sieht nach, ob noch ein Grashalm zu finden ist.
Die Vögel, die im Sommer in dem dichten Laubwerk der Kastanie gebrütet haben, sind in wärmere Gegenden gezogen oder ins nahe Dorf, wo die Futtersuche nicht ganz so mühsam ist.
Die Kastanie hält Winterschlaf. Alle Nährstoffe, die sie im Frühling zum Blühen und im Sommer für ihr Blattwerk und zum Ausreifen der Kastanien braucht, versteckt sie vor dem Winter in ihrem Stamm und den Wurzeln.
Im Winter hat die Kastanie Durst, zumal wenn der Boden gefroren ist. Da sie aber kein Wasser an ihre Blätter abgeben muß, weil die im Herbst schon abgefallen sind, übersteht sie den großen Durst ganz gelassen.

Warten auf den Frühling

Wenn der Winter noch nicht ganz zu Ende ist, regt sich das Leben wieder in den schwarzen Ästen. Erste Knospen zeigen sich. Sie sind braun und klebrig. Und nach den ersten wärmeren Tagen dauert es nicht mehr lange, bis der große Baum über und über mit Kerzen bedeckt ist.
Sie sind zunächst weißlichgelb und kurze Zeit später leuchtend rot und bis zu 30 Zentimeter lang.
Wenn die Kastanie blüht, hat der Frühling den Winter endgültig besiegt.

Jede Jahreszeit hat ihre Farben

Den Winter malen

Coelinblau ist ein künstliches Farbmittel. Der Farbton ist mit Kobaltblau verwandt, jedoch heller und auf der grünblauen Seite stehend. Coelinblau ist eine gut deckende Farbe, und für professionelle Maler sehr wichtig, weil gut lichtbeständig, d. h., die Farbe bleicht auch nach Jahren nicht aus.

Im Winter sind es weniger die Farben als vielmehr die Kontraste, die ins Auge stechen. Wo im Sommer das Grün der Wiesen das Landschaftsbild dominiert, sind es im Winter die weiten, weißen Flächen – vielleicht einmal unterbrochen von einem einfachen Balkenzaun entlang eines schmalen Weges, dessen nasses Holz dunkel gegen das Weiß absticht. Strahlend blaue, aber auch trübe Wintertage bekommen durch die lustigen weißen Häubchen auf Zäunen, Briefkästen und Fensterläden eine friedlich-heitere Stimmung, die sich auch auf den Betrachter überträgt. Wenn dann die Sonne hervorkommt, reicht das Auge an so einem schönen, klaren Wintertag bis an den Horizont. Wer auf einer Anhöhe steht, sieht oft 100 Kilometer und mehr in die Ferne. An besonders kalten Sonnentagen bilden sich auf der obersten Schneeschicht Kristalle. Sie glitzern und funkeln in feinen Regenbogenfarben, weil sich das Sonnenlicht in den Kristallformen bricht.
Im Gegensatz dazu steht der coelinblaue Himmel. In keiner anderen Jahreszeit ist er so klar, so blau, so kräftig. An alten Bauernhäusern, die noch nicht mit Isolierfenstern verglast sind, sind alle Fenster voller Eisblumen. Keine dieser kalten Blumen ist wie die andere. Jede hat ihre eigene filigrane Form und Struktur. Büsche und Bäume strecken ihre dunklen, bizarren, weit verzweigten Äste und Zweige in die Luft – ein großartiges Gewirr, in dem der Schnee das Licht effektvoll hervortreten läßt. Nach kalten Nächten verwandeln sie sich in einen Märchenwald. Dicker Rauhreif überzieht Äste, Zweige und Stämme. Tiefer Schnee dämpft alle Geräusche. Es ist ruhig, gleichsam, als ob die Zeit stillstehen würde.

Farblos ist der Winter nicht

Den Winter zu malen bedeutet, in einer weißblauen Landschaft Akzente zu setzen. Dem einen mag es mehr liegen, die graphischen Elemente einer Landschaft auf Papier zu bannen, indem er verschiedene Baumformen anordnet und nur mit Kohle auf weißem Papier arbeitet, der andere greift gerne zu Pinsel und Farben, weil die Landschaft doch nicht so farblos ist, wie es auf den ersten Blick erscheint. Auf dem Bild von Seite 267 sind relativ wenige Farben zu sehen. Und doch strahlt es eine gewisse Farbigkeit aus, nach dem Motto: weniger ist oft mehr. Wichtig ist der Einsatz von Blau, einer Farbe, die beim Betrachter den Eindruck von Kälte hinterläßt. Um so wärmer und lebendiger wirken die Farben Rot, Braun, Orange und Ocker.

Mit Pinsel und Wasserfarben

Mit Wasserfarben lassen sich wunderbare Akzente setzen. Dick aufgetragen werden sie, wenn man beispielsweise einen kräftigen Himmel bekommen, das Kind beim Schlittenfahren malen oder dem Schneemann eine dicke, rote Nase verpassen will. Stark verdünnt werden die Farben beim Malen des Schnees oder der Berggipfel in der weiten Ferne. Wichtig ist ein großes Zeichenformat. Für den Anfang tut es ein handelsüblicher Schulmalblock. Hier kann man nach Herzenslust ausprobieren. Wer sein Bild aber verschenken möchte, sollte es einmal mit einem besseren, nämlich mit speziellem Aquarellpapier versuchen. Je nach Lust kann das Bild in einen Glaswechselrahmen gesetzt oder mit einem Holzwechselrahmen versehen werden. Wasserfarben lassen sich meist gut auswaschen. Bei hartnäckigen Farbresten ein paar Mal mit dem Pinsel sanft über eine Seife streichen und den Haarkörper in der Innenfläche der Hand reinigen.

Mit Wasserfarben lassen sich vielfältige Tonabstufungen im Bild erreichen, je nachdem, wie dick man die Farbe aufträgt.

So wird's gemacht

Zuerst geht es um die Motivwahl. Was möchte ich malen? Was kann ich weglassen? Was soll im Zentrum meines Bildes stehen? Es ist wichtig, daß man sich über die Formen und Farben ganz klar ist, daß Hinter- und Vordergrund gut durchdacht sind. Mit Bleistiftskizzen oder ganz zarten Pinselstrichen sollte die Grundkomposition festgehalten werden. Mit einfachen geometrischen Grundformen lassen sich die einzelnen Gegenstände malen, wie Schlittenfahrer, Berge, Bäume, Häuser oder der Schneemann. Am besten übt man zuerst die Formen auf einem Blatt Papier mit freier Hand. Auf unserem Bild sind überall die einfachen Formen zu finden. Damit die Gegenstände im Hintergrund auch wirklich so aussehen, als wären sie weit weg, werden die Farben dort mit etwas mehr Wasser gemischt aufgetragen.

Einige Linien auf dem Bild sollten schon gerade sein, wie z. B. der Umriß vom Haus. Andere dagegen dürfen ruhig ein wenig unregelmäßig sein. Schließlich ist auch ein Schneemann oder ein Tannenzweig in der freien Natur nicht ganz gleichmäßig. So wirkt das Bild sogar noch lebendiger.

Sehen und staunen

Was gibt es auf dem Wochenmarkt?

Ein klassisches Wintergemüse ist der Grünkohl, der auch unter dem Namen »Braunkohl«, »Winterkohl« oder »Krauskohl« bekannt ist. Grünkohl wird geerntet, wenn der erste Frost die Blätter weichgemacht hat, in denen eine Fülle von Mineralstoffen, Vitaminen und Spurenelementen eingebettet ist.

Auf jedem Wochenmarkt gibt es Stände, die keinerlei Jahreszeiten zu kennen scheinen. Sie sehen in allen Jahreszeiten gleich aus.
Wer die Jahreszeit auf dem Wochenmarkt entdecken möchte, muß sich die kleinen Stände aussuchen, wo Bäuerin und Bauer, Tante, Oma und Kinder das verkaufen, was sie selbst angebaut haben.
Im Winter machen Lauch, Rüben und alle Kohlarten Karriere. Kartoffeln werden in vielen Sorten angeboten. Sie schmecken im Winter besonders gut. Feldsalat gibt es ganz frisch vom Acker. Da das Ernten im Winter ziemlich beschwerlich ist – oft liegt Schnee, es ist kalt und matschig, und die Pflanzen sind klein –, ist der Feldsalat ein wenig teurer als im Herbst. Seine Blätter schmecken

Kartoffeln schmecken im Winter besonders gut. Sie enthalten mehr Vitamine als allgemein angenommen wird.

nach Winter, sie sind hart und fest und sehr gesund. Sprossen und Keime werden angeboten, Küchenkräuter, Sellerie und Petersilienwurzel, oft auch getrocknete Bohnen, Erbsen, Pflaumen und Apfelringe. Viele einheimische Apfel- und Birnensorten, große, kleine, dicke, dünne, schiefe und krumme liegen auf den Tischen der Bauern. Solche Sorten findet man sonst nirgends mehr. Wenn es so richtig kalt ist, werden auf dem Wochenmarkt auch Fisch- und Fleischstände aufgebaut. Der Winterwochenmarkt riecht anders als zu anderen Jahreszeiten nach heißen Maroni, Rostbratwurst und kalter Luft, nach frischen Waffeln, Glühwein und Sauerkraut.

Auch im Winter braucht man auf Vitamine nicht zu verzichten. Im Gegenteil: Sie schützen vor Erkältungen. In diesem Gemüse, frisch vom Land, aus der chemisch unbehandelten Erde steckt alles drin, was man braucht, um gesund durch diese Jahreszeit zu kommen.

Kinderküche

Windrädchen auf Eisbergen

Ein bunter Snack für kalte Tage

Zutaten

- 1 Packung Blätterteig aus der Tiefkühltruhe
- 1 Kopf Eissalat
- 4 Äpfel
- 100 g Trockenobst und Nüsse, gehackt und gemischt
- 1 Becher saure Sahne und 3 EL Joghurt
- 1 TL Senf
- 1 TL Walnußöl
- Frische, gehackte Kräuter
- 8 Radieschen
- 8 Zahnstocher
- 8 Schaschlikstäbchen

Zubereitung

1 Die Blätterteigstücke halbieren. Aus den Quadraten Windrädchen legen und die Ecken mit Zahnstochern befestigen. Nach Vorschrift backen. Wer möchte, kann die Windrädchen vor dem Backen mit kleingehacktem Kochschinken füllen.

2 Eissalat unter fließendem Wasser waschen und abtropfen lassen.

3 Äpfel halbieren, Gehäuse entfernen, je eine Hälfte mit der Schnittseite auf einen Teller legen und ganz mit einem Salatblatt bedecken. Ein Schaschlikstäbchen durch den »Berg« stecken.

4 In einer Schüssel die kleingehackten Nüsse und grobgeschnittenen Trockenfrüchte mit dem Senf, der sauren Sahne, Joghurt und Öl vermischen. Gleichmäßig über die »Eisberge« verteilen. Kräuter über alles streuen.

5 Abgekühlte Windrädchen auf die Schaschlikstäbchen setzen. Radieschen oben auf die Spitze.

Bald essen!

Wir spielen draußen

Sie kennen bestimmt den Spruch: »Es gibt kein schlechtes Wetter, es gibt nur schlechte Kleidung.« Also kann die Parole für den Winter nur heißen: Raus auf's Land, dorthin wo sich der Winter am deutlichsten zeigt! Hier liegt noch Schnee, wenn in der Stadt schon längst keine Rede mehr davon ist. Hier bläst der Wind rauh und ungebremst, hier findet man Spuren von Hasen, Rehen und Eichhörnchen und Krähen im Schnee. Gehen Sie mit Ihren Kindern an die Lieblingsplätze, wo sie den Sommer oder den Herbst genossen haben.

Weiße Wunderwelt

Wie sehr hat der Winter alles verändert, kaum wiederzuerkennen sind die Wege, die Bäume und Sträucher. Man fragt sich, ob es überhaupt noch derselbe Platz ist. Kein Grün weit und breit. Kein Gelb, kein Rot, kein Ocker, kein Blau – nur Schwarz und Weiß und Grau. Die Sonne scheint blaß vom hohen Himmel, meist durch dicke Wolkenschichten hindurch.
Ist das wirklich unser Lieblingsplatz, unser Lieblingsbaum, der lustige Bach vom letzten Sommer?

Wo sind die Insekten geblieben?

Im Sommer summen und surren sie durch die Luft, piesacken einen mit ihren Stichen, tummeln sich in Schwärmen im Abendlicht, aber wo sind all die Insekten im Winter? Als wechselwarme Tiere passen sie ihre Körpertemperatur der Umwelt an. Ist es draußen warm, so sind auch sie warm und beweglich. Ist es draußen kalt, werden die Tiere immer steifer, sie fallen in die Winterstarre.

Ist das wirklich das Sonnenplätzchen vom vergangenen Sommer, mit kitzelnden Grashalmen und dem ewigen Kampf gegen die Ameisen? War es wirklich so heiß, daß man sich ständig in dem Bächlein abkühlen mußte?
Und der kleine Hafen für das Rindenboot schläft auch unter der Schneedecke.

Winterbilder

Zerbrechlich, wie aus feinstem Glas stehen die entlaubten Bäume in der weißen Landschaft. Der Schnee hat auch dem kleinsten Ast einen feinen Schleier umgelegt. Feierlich stehen die Bäume in Reih und Glied wie zu einer Prozession. Alles Leben in ihnen scheint erloschen, doch das sieht nur so aus. Unter der schützenden Rinde beginnen sich die Säfte allmählich zu regen, als ob sie den Frühling schon ahnten.

Der kleine Waldsee ist zugefroren. Hier haben im Sommer die Frösche bis spät in die Nacht gequakt. Dürre Äste, von Schnee bedeckt, ragen ins gefrorene Wasser. Ein blasser Sonnenstrahl hat den Weg durch die vereisten Äste gefunden. Ob ihn der betagte Karpfen sieht, der gemächlich über den Seegrund gleitet? Er weiß daß der Frühling noch ein bißchen auf sich warten läßt.

Der Winter hat aus dürren Gräsern und trockenen Blütenständen bizarre Eis-Skulpturen geschaffen. Wenn für einen Augenblick die Sonne scheint, glaubt man in die Schmuckschatuelle einer besonders feinen Dame zu schauen. Das glitzert und blinkt, daß es nur so eine Art hat. Doch die Pracht ist vergänglich. Wenn die Sonne ein bißchen mehr Kraft hat, läßt sie nur einen feuchten Fleck zurück.

Hier war einmal eine blühende Wiese, über der die Schmetterlinge in der Sonne tanzten. Jetzt ist alles anders. Der Winter hat die Sommerwiese unter einer gleichmäßig weißen Decke verborgen. Nur ein paar dürre Halme haben sich nicht unterkriegen lassen. Der eisige Winterwind, der über die kahle Ebene jagt, kann sie zwar beugen aber nicht zerbrechen.

Winterlied

Seit mehr als 200 Jahren singen die Kinder in Stadt und Land dieses wunderschöne Winterlied. Es bringt die Vorfreude auf die weiße Pracht zum Ausdruck, die für Kinder jeden Alters einen ganz besonderen Reiz hat. Wenn die Schneebälle durch die Luft fliegen und die flinken Schlitten zu Tal sausen, beginnt für viele die schönste Jahreszeit. Jeden Morgen schauen Sie erwartungsvoll aus dem Fenster, und eines Tages ist es dann endlich soweit. Über Nacht ist der erste Schnee gefallen!

Je nach Temperatur und Luftfeuchtigkeit bilden sich unterschiedlich geformte, wunderschöne Schneekristalle – Sterne, Nadeln, Prismen und Plättchen, die man unter der Lupe gut erkennen kann.

Wenn man das Lied in der Gruppe singt, gehört ein Schneeflöckchentanz einfach dazu. Ein Kind verwandelt sich in eine Schneeflocke und tanzt deren zarte Bewegungen nach: das Schweben, das Drehen, die langsame Art zu Boden zu sinken, das Immer-kleiner-Werden. Besonders anmutig sieht es aus, wenn sich das Kind mit einem weißen Tüllschleier verkleiden kann.

Schneeflöckchen, Weißröckchen

2. Komm, setz dich ans Fenster,
du lieblicher Stern,
malst Blumen und Blätter,
wir haben dich gern.

3. Schneeflöckchen, du deckst uns
die Blümlein zu,
dann schlafen sie sicher
in himmlischer Ruh.

4. Schneeflöckchen, Weißröckchen,
komm zu uns ins Tal,
dann baun wir den Schneemann
und werfen den Ball.

5. Schneeflöckchen, Weißröckchen,
du Wintervöglein,
willkommen, willkommen
bei groß und bei klein.

An diesem freundlichen Schneemann sind ganz besonders viele Schneeflocken beteiligt. Ein glückliches Schicksal.

Kartoffelmonster und Erdnußzwerge

Das Wort »Kartoffel« ist vom italienischen »tartufolo« entlehnt. »Tartufolo« oder »tartufo« bezeichnet eigentlich den eßbaren Trüffelpilz, der ebenso wie die Kartoffel unterirdisch und knollenartig heranwächst. Aufgrund einer Verwechslung kam dann die Kartoffel zu diesem Namen. Von den Spaniern, die die Pflanze nach Europa brachten, stammt der Name »batata« oder »patata«, aus dem sich das englische »potato« oder das schwedische »potatis« entwickelte.

Kartoffelmonster

1 Schrumpelige, ausgetriebene Kartoffeln aus dem Keller sind das tollste Material, um Kartoffelmonster zu machen. Oft geben die Triebe allein der Kartoffel ein monsterhaftes Aussehen.
Wie Krebse, Spinnen oder Krabbeltiere sehen sie aus. Mit etwas geschickter Nachhilfe erhält man ein richtiges Kartoffelmonster-Gruselkabinett.

2 Um geeignete Kartoffelmonster zu finden, muß man sich inspirieren lassen. Am besten nimmt man verschiedene ausgetriebene Kartoffeln in die Hand, dreht sie hin und her und versucht sie so hinzulegen, daß die Triebe wie Arme, Beine, Fühler, Schwänze, Tentakel, Stielaugen usw. aussehen. Der Phantasie sind keine Grenzen gesetzt.

3 Nun werden Akzente gesetzt. Mit Holzperlen, die durch Stecknadeln gesteckt werden, bekommen die Monster Augen. Sie können z. B. auf eine Triebspitze gepikt werden. Mit Farbe und Pinsel werden Mäuler und Nasen aufgemalt. Eine andere Möglichkeit ist, mit dem Messer ein Maul in die Kartoffel einzuschneiden und dann eine Zunge aus farbigem Papier einzukleben. Zähne mit weißer Farbe aufmalen. Mit bunten Stecknadeln können Rückenschuppen gesteckt werden. Wer will, kann dem Monster Papierflügel bauen.

4 Die fertigen Monster werden zum Schluß in eine Erdlandschaft gesetzt. Dafür gibt man in eine Kiste etwas Blumenerde und setzt seine Monster möglichst lebensecht hinein.

Erdnußzwerge

1 Aus Erdnüssen können kleine Zwerge gemacht werden. Im Gegensatz zu den Kartoffelmonstern sehen sie sehr viel lustiger, erdiger, ungefährlicher aus. Setzt man sie zu den Kartoffelmonstern in den Erdkasten, sieht es aus, als ob die kleinen Wichte gegen die gefährlichen Monster in den Kampf zögen.

2 Die zweigeteilte Erdnußform eignet sich besonders für das Basteln von lustigen Männchen. Die obere Rundung ergibt den Kopf. Ein Eichelhütchen wird der Helm. Haare können aus Wollfäden aufgeklebt werden.

3 Mit Pinsel und Farbe werden die Gesichter und Kleider gemalt. Ein Streichholz oder kleines Ästlein ergibt die Lanze für die mutigen Ritter.

MATERIALIEN

Kartoffeln mit Trieben

Erdnüsse

Farbige Holzperlen

Stecknadeln mit farbigen Köpfchen

Wolle

Eicheln, andere Naturmaterialien

Deckfarben

Kleber

Erde

WERKZEUGE

Messer

Pinsel

Die Monster und Zwerge kann man in eine Erdlandschaft setzen und so lustige Spielszenarien darstellen.

Einladung zur Kartoffelparty

Wir backen Kartoffelwaffeln

Zutaten

- 1 kg mehlige Kartoffeln
- 2 Zwiebeln
- 2 Eier
- 1 Eigelb
- 40 g Leinsamen
- Salz, weißer Peffer

Zubereitung

1 Die Kartoffeln und Zwiebeln schälen, auf einer Raffel zerreiben oder in der Küchenmaschine zerkleinern.

2 Die Masse in einem Tuch etwas auspressen und mit den Eiern, dem Eigelb und den geschroteten Leinsamen in einer Schüssel sehr gut verrühren.

3 Mit etwas Salz und einer Prise frisch gemahlenen Pfeffers würzen, nochmals gut verrühren und zugedeckt für etwa ein bis zwei Stunden quellen lassen.

4 Ein Waffeleisen erhitzen, mit Öl einfetten und aus dem Teig knusprige Waffeln ausbacken.

5 Die frischen Waffeln noch warm zusammen mit einem Kräuterquark oder einem grünen Salat servieren.

Guten Appetit!

Neues von der Fensterbank

Wer jetzt ein bißchen Geduld hat, kann sich mitten im Winter einen Hauch von Frühling auf die Fensterbank zaubern. Man braucht dazu eine Hyazinthen- oder Weihnachtsnarzissenzwiebel und ein hohes Glas, auf dem die Zwiebel bequem sitzen kann, ohne hineinzufallen. Das Glas wird mit Wasser gefüllt und die Zwiebel so auf den Glasrand gesetzt, daß der Zwiebelboden knapp mit dem Wasser in Berührung kommt. Naß werden darf die Zwiebel nicht, weil sie sonst fault. Oben auf die Zwiebel setzt man ein Hütchen aus einem spitzen Tütenende, damit die Blätter nicht vorzeitig sprießen. Nun kommt das Glas mit Zwiebel und Hütchen für ein paar Tage in eine nicht zu warme und nicht zu helle Ecke, wo die Zwiebel rasch beginnt, Wurzeln zu bilden. Ab und zu das Wasser wechseln und darauf achten, daß der Zwiebelboden trocken bleibt. Sind die Wurzeln etwa zehn Zentimeter lang, bekommt das Hyazinthenglas seinen Platz auf der Fensterbank.

Großer Beliebtheit erfreut sich in den Wintermonaten der Weihnachtsstern mit kräftig roten, weißen oder lachsroten Blütenblättern. Ursprünglich stammt er aus Mexiko, wo er zwischen November und März blüht. Erst nach intensiven Züchtungen gewann der Weihnachtsstern seit Beginn des Jahrhunderts als dankbare Pflanze mit frischen Farben an Popularität.

Ein Duft nach Frühling

Jetzt wird es spannend! Während die Wurzeln immer länger werden, beginnen unter dem Hütchen die Blätter zu treiben. Die Blätter der Hyazinthe sind so kräftig, daß sie das Hütchen mühelos hochheben können. Jetzt ist es Zeit das Hütchen ganz wegzunehmen. Bald öffnen sich die Blätter und machen der Blüte Platz. Sie duftet sehr stark, und man bekommt einen Vorgeschmack vom Frühling. Nach dem Verblühen schneidet man die Blüte ab und trocknet die Zwiebel. Setzt man sie im Herbst in den Garten, blüht sie im nächsten Frühjahr erneut.

Alte Meister sehen den Winter

»Heimkehr der Jäger im Winter« – dieses Bild von Pieter Brueghel dem Älteren gehört zu demselben Zyklus von Jahreszeitenbildern wie unser Sommerbild.

Das Bildthema

Das berühmte Winterbild Pieter Brueghels führt uns eine Welt vor Augen, die längst untergegangen ist. Ein winterlicher Nachmittag auf einer Anhöhe am Rande eines mittelalterlichen Dorfes. Von links stapfen drei Jäger mit ihren Hunden ins Bild. An der gebeugten Gestalt und dem schwerfälligen Gang erkennt man ihre Müdigkeit. Sie scheinen erfolgreich einen Fuchs gejagt zu haben, denn einer der Jäger trägt einen toten Balg an seiner Lanze über der Schulter. Die Männer laufen talwärts. Eine Reihe kahler Laubbäume durchzieht diagonal das Bild. Es ist bitterkalt. Schwarze Krähen sitzen auf den Bäumen, eine von ihnen fliegt auf. Die Dorfweiher unten im Tal sind zugefroren.

Der Winter markiert eine Ruhepause vor allem für die Natur. Die Pflanzen können sich vom Wachsen, Blühen und Früchtetragen erholen. Auch den Menschen fällt es jetzt schwer, die Aufgaben des Alltags energiegeladen anzupacken.

Freud und Leid der Dorfbewohner

Dick vermummt spielen sie Hockey und Eisschießen oder laufen Schlittschuh. Doch nicht alle vergnügen sich auf dem Eis. Neben den Jägern stehen zwei Männer, eine Frau und ein kleines Mädchen um ein Feuer vor einem Wirtshaus herum und machen sich daran zu schaffen. Sie scheinen damit beschäftigt zu sein, Getreide über den warmen Flammen zu rösten. Sie sind nicht die einzigen, die arbeiten. Ebenso sieht man im rechten Vordergrund eine Frau mit einem schweren Reisigbündel auf dem Kopf über eine Brücke gehen. Ein Pferdefuhrwerk bewegt sich im rechten Bildmittelteil auf den Ortskern zu. Die winterliche Schneelandschaft ist stark gegliedert. Die dunklen Gestalten und die grafisch wirkenden Büsche und Bäume heben sich dunkel von der schneebedeckten Landschaft ab, die mit fein abgestimmten und abgestuften weißen und silbergrauen Tönen dargestellt wird. Es ist auffallend, mit welcher Sorgfalt die entlaubten Bäume in diesem Bild gestaltet wurden. Ein großartiges

Gewirr blattloser Zweige, auf denen der Schnee Lichteffekte entstehen läßt, steht im Gegensatz zu dem diffusen und entfernten Schein der Landschaft. Von der rechten oberen Seite ragen schroffe Felswände schräg ins Bild hinein – wie scharfe Reißzähne. In der Ferne verschwimmt ein Dorf im diesigen Licht. In diesem Bild geht es um den Winter. Die Menschen sind darin unterhaltsames Beiwerk. Die Natur erstarrt frostklirrend unter eisig grünem Himmel. Man glaubt, die Kälte sehen zu können; man spürt, wie sie unter die Kleider dringt, den Körper hinaufkriecht.

In früheren Zeiten waren die Menschen den Naturgewalten, wie z. B. der winterlichen Kälte, oft gnadenlos ausgesetzt.

Das Gemälde hat Pieter Brueghel der Ältere 1565 gemalt, für seine Reihe von sechs Bildern, die jeweils immer zwei Monate des Jahres darstellen. Das Januarbild gilt als das schönste Winterbild der europäischen Kunst. Drucke davon gibt's beim Kunstkreis, Talstr. 6, 70825 Korntal, unter der Bestellnummer 10084-2.

Weitaus fröhlichere Seiten hat der Winter heutzutage. Im Zeitalter von Gas und Elektrizität braucht man zu Hause nur die Heizung aufzudrehen, und schon ist es warm. Da bleibt viel Zeit zum Vergnügen auf dem Eis.

Die Vorlesegeschichte

Der Bär auf dem Försterball

PETER HACKS

Der Bär schwankte durch den Wald, es war übrigens Winter; ging zum Maskenfest. Er war von der besten Laune. Er hatte schon ein paar Kübel Bärenschnaps getrunken; den mischt man aus Honig, Wodka und vielen schwierigen Gewürzen. Des Bären Maske war sehr komisch. Er trug einen grünen Rock, fabelhafte Stiefel und eine Flinte auf der Schulter; ihr merkt schon, er ging als Förster.

Da kam ihm, quer über den knarrenden Schnee, einer entgeger auch im grünen Rock, auch mit fabelhaften Stiefeln und auc die Flinte geschultert. Ihr merkt schon, das war der Förster.

Der Förster sagte mit einer tiefen Baßstimme: »Gute Nacht, Herr Kollege, auch zum Försterball?«

»Brumm«, sagte der Bär, und sein Baß war so tief v die Schlucht am Weg, in die die Omnibusse faller

»Um Vergebung«, sagte der Förster erschrocken, »ich wußte ja nicht, daß Sie der Oberförster sind.«

»Macht nichts«, sagte der Bär leutselig. Er faßte den Förster unterm Arm, um sich an ihm festzuhalten, und so schwankten sie beide in den Krug zum Zwölften Ende, wo der Försterball stattfand.

Die Förster waren alle versammelt. Manche Förster hatten Geweihe, die sie vorzeigten, und manche Hörner, auf denen sie bliesen. Sie hatten alle lange Bärte und geschwungene Schnurrbärte, aber die meisten Haare im Gesicht hatte der Bär.

»Juhu!«, riefen die Förster und hieben den Bären kräftig auf den Rücken.

»Stimmung«, erwiderte der Bär und hieb die Förster auf den Rücken, und es war wie ein ganzer Steinschlag.

»Um Vergebung«, sagten die Förster erschrocken, »wir wußten ja nicht, daß Sie der Oberförster sind.«

»Weitermachen«, sagte der Bär. Und sie tanzten und tranken und lachten; sie sangen, sie hätten so viel Dorst im grünen Forst. Ich weiß nicht, ob ihr es schon erlebt habt, in welchen Zustand man gerät, wenn man so viel tanzt und trinkt, lacht und singt.

Die Förster gerieten in einen Tatendrang, und der Bär mit ihnen; der Bär sagte: »Wir wollen jetzt ausgehn, den Bären schießen.«

Da streiften sich die Förster ihre Pelzhandschuhe über und schnallten sich ihre Lederriemen fest um den Bauch; so strömten sie in die kalte Nacht.

Sie stapften durchs Gehölz. Sie schossen mit ihren Flinten in die Luft. Sie riefen »Hussa!« und »Hallihallo!« und »Halali«, wovon das eine soviel bedeutet wie das andere, nämlich gar nichts, aber so ist das Jägerleben.

Der Bär riß im Vorübergehen eine Handvoll trockener Hagebutten vom Strauch und fraß sie.

Die Förster riefen: »Seht den Oberförster, den Schelm!«, und fraßen auch Hagebutten und wollten sich ausschütten vor Spaß.

Nach einer Weile jedoch merkten sie, daß sie den Bären nicht fanden.

»Warum finden wir ihn nicht?« sagte der Bär, »er sitzt in seinem Loch, ihr Schafsköpfe.«

Er ging zum Bärenloch, die Förster hinterdrein. Er zog den Hausschlüssel aus dem Fell, schloß den Deckel auf und stieg hinunter, die Förster hinterdrein.

»Der Bär ist ausgegangen«, sagte der Bär schnüffelnd, »aber es kann noch nicht lange her sein, es riecht stark nach ihm.«

Dann torkelte er zurück in den Krug zum Zwölften Ende – und die Förster hinterdrein.
Sie tranken gewaltig nach der Anstrengung, aber die Menge, die der Bär trank, war wie ein Schmelzwasser, das die Brücken fortreißt.
»Um Vergebung«, sagten die Förster erschrocken. »Sie sind ein großartiger Oberförster.«
Der Bär sagte: »Der Bär steckt nicht im Walde, und der Bär steckt nicht in seinem Loch; es bleibt nur eins, er steckt unter uns und hat sich als Förster verkleidet.«
»Das muß es sein«, riefen die Förster, und sie blickten einander mißtrauisch und scheel an.
Es war aber ein ganz junger Förster dabei, der einen verhältnismäßig kleinen Bart hatte und nur wenige Geweihe und überhaupt der Schwächste und Schüchternste war von allen. So beschlossen sie, dieser sei der Bär.
Sie krochen mühsam auf die Bänke, stützten ihre Bärte auf die Tische und langten mit den Händen an der Wand empor.
»Was sucht ihr denn?« rief der junge Förster. »Unsere Flinten«, sagten sie, »sie hängen leider an den Haken.«
»Wozu die Flinten?« rief der junge Förster.
»Wir wollen dich

doch schießen«, antworteten sie, »du bist doch der Bär.«
»Ihr versteht überhaupt nichts von Bären«, sagte der Bär.
»Man muß untersuchen, ob er einen Schwanz hat und Krallen an den Tatzen«, sagte der Bär.
»Die hat er nicht«, sagten die Förster, »aber, potz Wetter! Sie selbst haben einen Schwanz und Krallen an den Tatzen, Herr Oberförster.«
Die Frau des Bären kam zur Tür herein und war zornig.
»Pfui Teufel«, rief sie, »in was für Gesellschaft du dich herumtreibst!«
Sie biß den Bären in den Nacken, damit er nüchterner würde, und ging mit ihm weg.

»Schade, daß du so früh kamst«, sagte der Bär im Walde zu ihr, »eben hatten wir ihn gefunden, den Bären. Na, macht nichts. Ein andermal ist auch ein Tag.«

Wenn der Bär nach Hause kommt

Wenn der Bär nach Hause kommt,
dann freun sich alle sehr,
denn meistens bringt er Honig mit
und manchmal auch noch mehr.

Wenn der Bär sich ausruhn will,
dann legt er sich aufs Ohr.
Die Bärin holt sein Lieblingsbuch
und liest ihm daraus vor.

Wenn der Bär Bekannte trifft,
dann grüßt er mit dem Hut.
Die Leute fragen: »Na, wie geht's?«
Und er sagt: »Danke, gut.«

Wenn der Bär erzählen soll,
erzählt er tolle Sachen.
Manchmal etwas Trauriges
und manchmal was zum Lachen.

Wenn der Bär zum Schwimmen geht,
dann geht die Bärin mit.
Wenn einer zu Besuch da ist,
dann gehen sie zu dritt.

Wenn der Bär verreisen will,
dann packt er seine Taschen:
frische Wäsche, Proviant
und allerlei zum Naschen.

Wenn er nichts zu fressen hat,
dann sucht der Bär sich Futter.
Und wenn er selbst nichts finden kann,
dann fragt er seine Mutter.

Manchmal ist der Bär allein,
dann kommt er mich besuchen.
Wir trinken ein Glas Gänsewein
und essen Marmorkuchen.

Wenn der Bär spazierengeht,
dann singt er Wanderlieder.
Schade ist, er kennt nur eins,
das singt er immer wieder.

Morgen wird das Wetter gut,
dann sitzt der Bär im Garten.
Er spielt mit Freunden »Fang den Hut«
und Domino und Karten.

FRANTZ WITTKAMP

Was wächst denn da?

Ein Kresseherz

Die Gartenkresse gehört zu den besonders schnellwüchsigen Pflanzen, bei denen sich nur die Keimblätter zeigen. Im Garten angebaut, wird sie beachtlich groß und liefert viel Grün.

Im Winter sind frische Kräuter ganz besonders wertvoll. Sie schmecken nicht nur gut, sondern stecken auch voller Vitamine.

Eine Tonschale, ein Blumenteller aus Keramik oder eine kleine Holzkiste sind ideale Behälter, um im Winter Kresse zu ziehen. Wer eine flache kleine Holzkiste nimmt, muß sie innen mit Folie auskleiden, damit die Erde nicht austrocknet.

Kressesamen gibt es in allen Samengeschäften. Ein Tütchen mit 20 Gramm Inhalt kostet nicht viel und reicht für mehrere Einsaaten aus. Das Saatgefäß bekommt als unterste Schicht gebröselte Holzkohle und darüber eine ordentliche Schicht Erde. Auf die Erde wird der Kressesamen gestreut und mit einer Schicht Erde bedeckt.

Vitamine im Winter

Das Saatgefäß an einen warmen, hellen Ort stellen und täglich gießen. Der Gießstrahl muß ganz sanft und sparsam sein, damit der Samen, der ganz schnell zu wurzeln beginnt, nicht gestört wird oder gar schwimmt. Schon nach wenigen Tagen ist die Kresse schnittreif. Wenn alles abgeerntet ist, wird die Erde zum Teil erneuert. Und dann kann man gleich wieder neu einsäen und sich auf die nächste Ernte freuen. Kresse kann auch als Salat gegessen werden und läßt sich dabei wunderbar mit Orangen- oder Mandarinenwürfeln, geraspelten Äpfeln oder Möhren, Tomaten und Radieschen kombinieren. Gewürzt wird mit Essig und Öl, Orangen- bzw. Zitronensaft oder mit Joghurt, weißem Pfeffer bzw. Ingwer.

Der Sternenhimmel
Großer Bär
Großer Hund
Orion

Bilder am Nachthimmel

Die Sternbilder, die man in klaren Winternächten am Himmel beobachten kann, sind besonders eindrucksvoll. Dazu gehören u. a. Orion mit seinem Kopfstern, den beiden Schultersternen, der Reihe schräg stehender Gürtelsterne und den beiden Fußsternen. Näher zum Horizont liegt der Große Hund, dessen Hauptstern, der helle Sirius, sofort ins Auge fällt, weil er so strahlend leuchtet.
Westlich oberhalb von Orion findet man den Stier mit dem rötlichen Aldebaran als Hauptstern.
Der Große Bär und Perseus gehören zu den zirkumpolaren Sternbildern, die das ganze Jahr hindurch zu sehen sind. Diese Sternbilder finden sich alle in der Nähe des Polarsterns, der genau senkrecht über dem Nordpunkt des Horizonts steht. Über Jahrhunderte hinweg diente dieser Stern den Seefahrern zur Orientierung auf ihrem Weg über die Ozeane.

Tiere im Winter

Schafe

Neben der Hausziege gehört das Schaf zu den ältesten Haustieren. Ursprünglich kommt es aus Asien. Mit der Schafzucht deckten die Menschen früher nicht nur ihren Bedarf an Fleisch, sondern auch an Fett. Und bis heute ist die Verarbeitung der Wolle ein wichtiger Wirtschaftsfaktor.

In einigen Gegenden unseres Landes trifft man noch richtige Schafherden an. Sie haben 100 oder noch mehr Tiere. Mit ihnen gehen ein Schafhirte und mehrere Hunde. Diese umkreisen ständig die Herde und halten alle Tiere beisammen. Schafe sind sehr ängstlich und erschrecken leicht. Dann fliehen sie kopflos in alle Himmelsrichtungen und verlaufen sich. Deshalb braucht eine Schafherde die ständige Aufsicht von Mensch und Hund. Schafe können auch im Winter draußen weiden. Mit ihren kräftigen Hufen scharren Sie den Schnee beiseite und finden immer noch ein paar Halme, die ihnen schmecken. Abends suchen sie ihren Stall auf, wo sie dann dicht aneinandergedrängt die Nacht verbringen. Der Schäfer und seine treuen Hütehunde sind auch jetzt in ihrer Nähe.

Wärmende Wolle

Wenn es wärmer wird, werden die Schafe geschoren. Mit einem elektrischen Scherapparat wird das Haarkleid fast in einem Stück von Bauch, Rücken und Beinen gelöst. Das tut nicht weh. Die Schafe sind froh, ihren dicken Winterpelz loszuwerden.

Die Menschen freuen sich über die Wolle. Sie wird zuerst gereinigt, gezupft und dann versponnen. Textilien aus Schafwolle – am besten ungefärbt – sind sehr gesund und werden immer beliebter.

Schafskäse, der aus der Milch gewonnen wird, aßen früher nur die armen Bauern, die sich keine Kuh leisten konnten. Mittlerweile ist Schafskäse aber zu einer Delikatesse geworden und überall im Handel.

Wenn es draußen sehr kalt ist, zaubert der Frost Eisblumen in vielen Formen ans Fenster. Wenn man sie anhaucht, ist die Pracht bald verschwunden.

Blumen im Winter

Eisblumen am Fenster:
Ihr wißt, nur Lenz und Sonne geben
Den andern Blumen sonst das Leben;
Uns hat in kalter Winternacht
Der grimm'ge Frost zur Welt gebracht.
Die Erde hat uns nicht gehegt,
Kein Gärtner freundlich uns gepflegt.
Wir können kurze Zeit nur prangen,
Denn wenn uns Licht und Wärme droht,
Ist unsre Herrlichkeit vergangen –
Wir alle weinen uns zu Tod.
Und darf uns deine Hand auch pflücken:
Wir sterben, wenn uns Hände drücken.

Aus alten Kinderbüchern

Winter

Vom Norden der Winter kam heut in der Nacht.
Was hat er der Stadt alles mitgebracht?
Dem Mann auf dem Denkmal einen schneeweißen Hut,
der Turmuhr eine Mütze, die steht ihr sehr gut,
der Tann' im Park einen Pelz aus Hermelin,
der Fensterscheibe Blumen, die trotz Eis und Kälte blühn,
den Dachrinnen Bärte und der Pumpe einen Zopf,
den Kindern rote Nasen und 'nen Schneeball an den Kopf.

Ilse Kleeberger

Gemüse im Winter

Rosenkohl

Rosenkohl leistet für die Gesundheit allerhand. Er ist appetit- und wachstumsfördernd, infektionshemmend und hat einen ausgleichenden Einfluß auf die Verdauung, kräftigt Zähne sowie Knochen und beruhigt die Nerven.

Seine Familie heißt Blattkohl und kennt viele Arten rund um den Erdball. Die bekanntesten Blattkohlsorten bei uns sind Rotkohl, Weißkohl, Grünkohl, Kohlrabi und Rosenkohl. Auch Blumenkohl und Brokkoli gehören zur Kohlverwandtschaft.

Der Rosenkohl ist äußerlich betrachtet eine Miniatur des Rot- oder Weißkohlkopfes, nur halt viel, viel kleiner und grün. Rosenkohlköpfchen wachsen an einem sehr festen, hohen Stamm, der manchmal mit einem Stock gestützt wird.

Ernte von Oktober bis März

Ein richtiger Ökobauer hält einen Vierjahresturnus beim Anbau von Rosenkohl ein. Sobald der Rosenkohl abgeerntet ist, pflanzt er dort Zwiebeln, Tomaten, Salat, Radieschen und Gurken. Im Jahr darauf stehen an derselben Stelle Karotten, Sellerie und rote Bete. Danach pflanzt er Kartoffeln an dieser Stelle – und im Jahr darau Erbsen und Bohnen. Erst dann sind der Rosenkohl oder andere Kohlsorten aus der Verwandtschaft wieder an der Reihe. Frühe Rosenkohlsorten werden ab Oktober geerntet, später bis Anfang März. Ihnen macht der Schnee nichts aus. Sie verlieren dadurch sogar ihre Bitterstoffe und werden noch schmackhafter.

Rosenkohl schmeckt am besten, wenn er schon etwas Frost bekommen hat, weil dabei Zucker freigesetzt wird, und das mildert den herben Geschmack.

Kinder mögen Rosenkohlköpfchen am liebsten, wenn diese in einer sämigen Kartoffelsuppe mit Cocktailwürstcher Unterschlupf gefunden haben. Wenn obendrauf noch geröstete Weißbrotwürfel schwimmen, kann dies zum Winter-Lieblingsessen werden.

Mein kleiner Wintergarten

Für den Sommergarten: Wer im Sommer Kübelpflanzen wie den Oleander im Garten stehen hat, muß sie Ende Oktober oder spätestens nach dem ersten Frost – Oleander verträgt etwas Frost – ins Haus nehmen. Kühl und nicht zu hell sollte der Standort sein. Im Laufe des Winters einige Male gießen und gut durchlüften.

Draußen ist der Boden gefroren, es schneit, regnet oder nieselt. Jetzt ist die Zeit, sich selbst einen wetterunabhängigen Garten zu bauen und am Valentinstag an jemanden zu verschenken, den man ganz, ganz liebhat.
Man braucht zuerst einmal Knöpfe in allen Farben und allen Formen. Dann etwas dünnen Draht, um die Knöpfe aufzufädeln und Filzrestchen, die als Blättchen zugeschnitten werden. Winzig kleine Blumentöpfe gibt es im Samengeschäft oder Pflanzenmarkt. Sie kosten nicht viel. In die Töpfe kommt Steckmasse für Trockenblumen oder ein Stück von einem alten Putzschwamm. Man kann auch Gips nehmen, muß dann aber die Blumen vor dem Hartwerden schon eingesteckt haben.

Knöpfe in kleinen Töpfen

Ohne Gießen und Düngen blühen diese Blumen auch im Dezember in den herrlichsten Farben.

Knöpfe durch den Draht stecken, wie eine Haarnadel umbücken und in den Topf stecken. Man kann die Knöpfe auch wie einen Ring einfädeln und die Enden ins Töpfchen stecken. Die Blättchen rundherumkleben. Fertig.
Der Garten ist eine flache Schachtel, die mit Schaschlikstäbchen, Holzspachteln oder Verpackungsresten eingezäunt wird. Der Zaun wird außen um den Garten geklebt und mit Blättchen verziert. Der Gartenboden kann aus einer gerupften Serviette bestehen, aus Stoff, Filz oder selbstgeschnittenem Ostergras. Knöpfe als Blüten verstreuen, ebenso einige Blättchen. Blumentöpfe mit doppelseitigem Klebeband befestigen, damit sie nicht umfallen, falls sich der Winterwind ins Zimmer verirrt.

Ein Lied aus alter Zeit

Weißt du, wieviel Sternlein stehen

2. Weißt du wieviel Mücklein spielen
in der heißen Sonnenglut?
Wieviel Fischlein auch sich kühlen
in der hellen Wasserflut?
Gott, der Herr, rief sie mit Namen,
daß sie all ins Leben kamen,
daß sie nun so fröhlich sind.

3. Weißt du wieviel Kinder frühe
stehn aus ihren Bettlein auf?
Daß sie ohne Sorg und Mühe
fröhlich sind im Tageslauf?
Gott im Himmel hat an allen
seine Lust, sein Wohlgefallen,
kennt auch dich und hat dich lieb.

Text: WILHELM HEY
Melodie: seit 1823 bekannt

Bastelspaß

Im Tal der wilden Pferde

Für diese Bastelei werden verschiedene Materialien verwendet, die man entweder aus Resten gewinnen kann oder in der Natur findet.

Hier trifft man die schönsten Pferde weit und breit! Sie haben sich nach wilder Jagd in dieser Schlucht versammelt, um unter der Schneedecke des Talbodens ein Hälmchen zu finden. Hoffentlich haben Sie Glück, denn der Schnee liegt sehr hoch in diesem Jahr und die Luft flimmert vor Kälte.
Wer auch solch eine bunte Herde haben möchte, braucht dazu:

- Nicht zu steifen Karton in den Farben seiner Wahl
- Einen Bogen schwarzen Karton für die Mähnen und Schwänze
- Klebstoff und Schere.

Die Pferde haben sich im Tal versammelt.

In diesem Tal gibt es das frischeste und klarste Wasser weit und breit. Alle Pferde sind hierher gekommen, um ihren Durst zu löschen. Dann geht es wieder weiter dem Wind entgegen mit geblähten Nüstern und wehenden Mähnen.

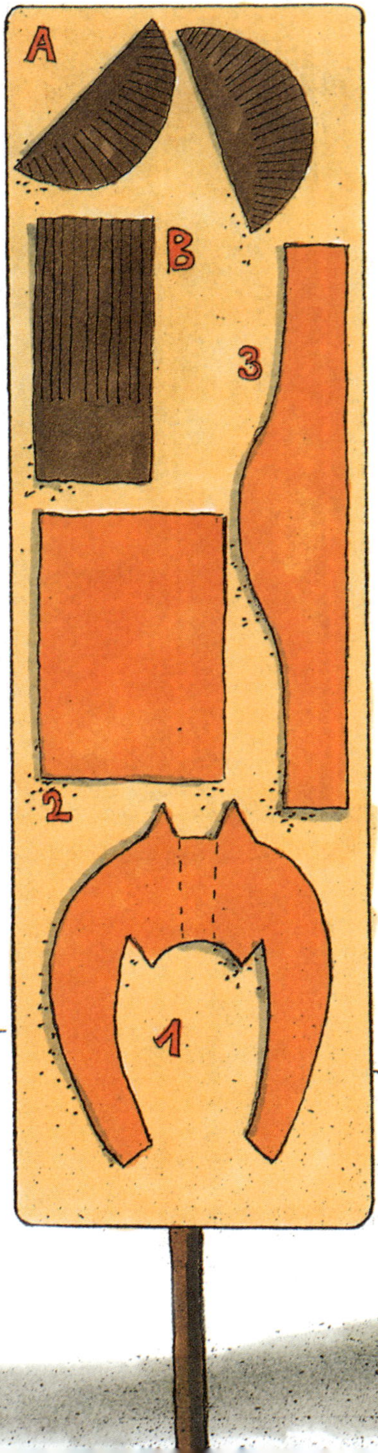

Und so wird's gemacht

1 Erst einmal ein Muster vom Buch abnehmen für die Pferdeteile 1, 2 und 3 und ein Probepferd herstellen. Ist das die gewünschte Größe? Größer bekommt man das Pferdemuster, wenn man alle Teile – auch A und B – auf einen Zettel klebt und mit dem Kopierer vergrößert oder ganz einfach von Hand alle Teile größer zeichnet.

2 Teil 2 ist der Bauch. Er wird gerollt und zugeklebt.

3 Teil 1 wird zur Hälfte gefaltet und rechts und links an die Rolle geklebt. Vorher noch rechts und links, ab dem Ohr, die Mähnen innen ankleben.

4 An die runde Stelle von Teil 3 den Schwanz kleben, dann ebenfalls an der Rolle festkleben.
Jetzt steht das Pferd auf vier Beinen fest. Klappt das nicht so

ganz, kann man mit der Schere an den Füßen sachte nachhelfen, damit das Pferd auf allen vieren sicher steht.

Viele Pferde in unterschiedlichen Größen und Farben bieten ein sehr imposantes Schauspiel. Wer lieber eine richtige Ranch möchte, baut aus einem Schuhkarton einen Stall und umzäunt eine »Grünfläche« mit einem selbstgebastelten Zaun, damit die Pferde schön brav auf dem »Grundstück« bleiben, so wie es das Foto auf den vorangegangenen Seiten zeigt.

So entsteht ein ganzes Panorama, das Eltern und Freunde mit Bewunderung betrachten werden.

Viel Spaß beim Basteln!

Das Fohlen

Es sind noch nicht ganz seine
Glieder. Eher ist es
umgekehrt:
Das zerbrechliche Quartett
der Beine
hat ein winzig kleines Pferd.

Mit fest aufgestemmten Hufen
kann man eine Weile stehn:
Zusehn, wie die Wolken gehn,
nach des Windes Wehn und Rufen
lauschend seine Ohren drehn.

Einmal werdet ihr es sehen:
pfeilschnell, in gestrecktem Lauf
hügelab und hügelauf,
leichten Hufes wie beim Tanze.
Heute übt es noch das Gehen.
Denn das Schwere ist Balance.

CHRISTINE KOLLER

Wir spielen drinnen

Wortkarten-Spiele

Hier können schon die Kleinen mitspielen, denn es gibt weder Sieger noch Verlierer. Alles, was man braucht, sind hübsche Motive, die man in Katalogen, Illustrierten und Reklamebroschüren findet. Oft sind auch Postkarten brauchbar. Was den Kindern gefällt, wird herausgeschnitten und auf kleine Karteikarten oder halbierte Briefkarten geklebt. Wer will, kann die Spielkarten mit Klarsichtfolie überziehen, damit sie sich nicht so schnell abnutzen. Im Vordergrund dieses Spieles steht das Abc, ohne daß es den Mitspielern zunächst so recht bewußt wird. Und das ist gut so, denn den meisten Kindern sind Lernspiele höchst verdächtig.
Sehen Sie also zu, daß Sie zu jedem Buchstaben ein erkennbares Motiv finden. Es muß so eindeutig sein, daß keine Verwechselungsgefahr besteht. Für größere Kinder darf es auch zu jedem Buchstaben mehrere Motive geben, dann wird das Spiel noch interessanter. Vor allem die Vokale sollten mehrfach besetzt sein.

Unter einem Alphabet versteht man ganz allgemein eine festgelegte Reihenfolge der Schriftzeichen einer Sprache. Das erste Alphabet gab es wahrscheinlich vor etwa 4000 Jahren. Dann kam es nach Griechenland, wurde verbessert und diente als Grundlage für alle europäischen Alphabete.

Geschichten um Begriffe

Beispiele für Motive, die leicht zu finden sind, alphabetisch geordnet:
Affe, Bär, Christbaum, Dackel, Indianer, Jacke, Katze, Löffel, Messer, Nähmaschine, Oma, Paket, Quirl, Quark oder Quelle, Radieschen, Sessel, Tomate, Uhr, Vase, Wolle, Xylophon, Zange oder Zaun. Der Buchstabe Y ist eigentlich nur mit dem Wort »Yacht« darzustellen. Wenn man keine Yacht findet, kann man ihn groß aufmalen.
Und dann wird gespielt. Alle Kinder schauen sich alle

Spielend lernen – das ist die Idee, die hinter diesem lustigen Spiel steht, das für Kinder von vier bis acht Jahren geeignet ist.

Lesen und schreiben zu können, das bedeutet, sich die Welt unabhängig von den Erwachsenen erschließen und erklären zu können.

Karten genau an. Der Begriff wird genannt und ist ab jetzt unumstößlich für die jeweilige Karte. Jetzt bekommt jedes Kind der Reihe nach Karte um Karte, bis alle Karten verteilt sind.

Der Spielverlauf

Der Spielleiter erzählt eine Geschichte, die Raum läßt für alle auf den Karten abgebildeten Begriffe.
Das kann so ablaufen:
Peter sitzt am Mittagstisch und ist sehr gespannt, was es heute zu essen gibt. Da kommt auch schon die Oma mit dem Gemüse. »Und was gibt es zum Nachtisch?« »Quark«, sagt die Oma usw.
Wenn ein Begriff aus den Karten auftaucht, macht der Spielleiter eine deutliche Pause beim Erzählen, und die Kinder schauen ihre Karten durch, ob sie das erwähnte Motiv haben. Die richtige Karte wird auf den Tisch gelegt, bis die Geschichte zu Ende ist und alle Karten auf dem Tisch liegen.

Wird das Spiel mit Kindern im Vorschulalter gespielt, sollte man darauf achten, daß der Lernaspekt auf keinen Fall überbetont wird. Die Kinder dürfen bestimmen, wie lange das Spiel dauert und nach welchen Regeln gespielt wird. Zu Recht werden Kinder bei jeglichem erzieherischen Anspruch argwöhnisch, denn noch leben sie in einer Zeit, in der ungezwungenes Spielen und der Spaß daran wichtiger als alles andere sind.

Varianten

Ein anderes Mal dürfen die Kinder selbst eine Geschichte erfinden – und zwar reihum. Sie müssen dabei möglichst viele ihrer Karten unterbringen, aber nicht mehr als zwei auf einmal, damit es nicht langweilig wird.
Nach der zweiten Karte ist das nächste Kind dran. Es muß versuchen, die Geschichte so weiterzuspinnen, daß es möglichst eine oder zwei Karten los wird. Es kann ruhig eine Quatschgeschichte sein, denn wirklich wichtig ist nur, daß sich die Kinder ans freie Reden gewöhnen und in der Lage sind, einen Impuls, sprich das Motiv ihrer Karte, dabei mit einbeziehen zu können. Es ist erstaunlich, wie erfindungsreich Kinder bei diesem Spiel sein können.

Wortketten

Spielen Kinder mit, die schon lesen und schreiben können, können sie Wortketten bilden. Ein Kind legt eine Karte auf den Tisch, und das nächste muß ein entsprechendes Doppelwort bilden: *Quark-Tasche, Ur-Oma, Gemüse-Schüssel* usw. Hat es ein Doppelwort gebildet, legt es selbst eine Karte aus, das nächste Kind ist dran. Ganz pfiffig wird das Spiel, wenn sich der Spielleiter ein Wort ausdenkt, dessen Buchstaben im Spielkartenangebot nicht vorhanden sind, wie z. B. *Abendbrot*, und dazu ein paar Hilfen gibt: »Mein Wort hat acht Buchstaben und fängt mit A an.« Das Kind mit der Affen-Karte oder einer anderen A-Karte legt seine Karte aus. Wer einen weiteren Buchstaben ahnt, legt seine Karte in die Reihe. Der Spielleiter sagt, ob die Karte richtig oder falsch ist. Wer den letzten Buchstaben zu dem Wort legt, darf ein neues Wort ausgeben. Für dieses Spiel sollten alle Vokale und die häufigsten Konsonanten mehrfach vorhanden sein.

Wenn die Mitspieler schon lesen und schreiben können, bietet sich auch das »Buchstaben-auf-der-Leine-Spiel« an. Dazu werden viele Buchstaben aus Zeitschriften ausgeschnitten und auf einmal gefaltete Papierzettel geklebt. Jedes Kind zieht mit geschlossenen Augen fünf Buchstaben, und eines fängt an, seine Buchstaben an einer Leine zu einem Wort zusammenzuhängen. Reihum wird das Wort ergänzt oder ein neues aufgehängt.

Karten abheben

Man kann auch alle Karten in einem Stoß (gut gemischt) verkehrt herum auf den Tisch legen. Das erste Kind nimmt eine Karte ab und legt sie offen hin. Dieses Wort muß gebildet werden. Das nächste Kind nimmt eine Karte ab und schaut, ob der Anfangsbuchstabe in das gesuchte Wort paßt. Paßt er, legt es die Karte heraus, wenn nicht, Pech gehabt. Dann geht es reihum weiter, bis alle Buchstaben des gesuchten Wortes in der richtigen Reihenfolge auf dem Tisch liegen. Danach geht das Spiel von vorne wieder los, das nächste Kind ist dran.
Viel Spaß mit dem Wortkarten-Spiel! Übrigens: Ganz viele Regeln kann man beim Spielen noch selbst hinzuerfinden.

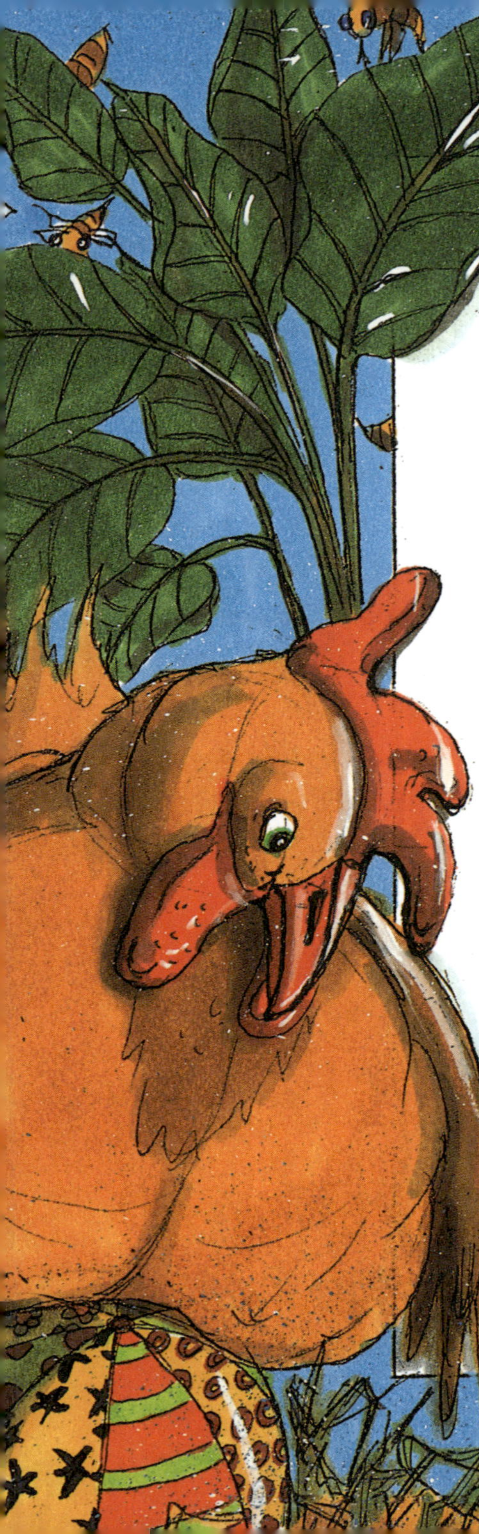

Wörter, Worte, Wortgeschichten

Des Abends,
wenn ich früh aufsteh',
des Morgens,
wenn ich zu Bette geh',
dann krähen die Hühner,
dann gackert der Hahn,
dann fängt das Korn
zu dreschen an.
Die Magd, die steckt den Ofen
ins Feuer.
Die Frau, die schlägt drei Suppen
in die Eier.
Der Knecht, der kehrt mit der Stube
den Besen.
Da sitzen die Erbsen, die Kinder
zu lesen.
Oh' weh, wie sind mir
die Stiefel geschwollen!
Daß sie nicht in die Beine
'nein wollen!
Nimm drei Pfund Stiefel und
schmiere das Fett,
dann stelle mir vor die Stiefel
das Bett.

Es fraß ein Huhn,
man glaubt es kaum,
die Blätter ab vom
Gummibaum.
Dann ging es in den
Hühnerstall
und legte einen
Gummiball.

Eins, zwei, drei,
alt ist nicht neu,
neu ist nicht alt,
kalt ist nicht warm,
reich ist nicht arm,
arm ist nicht reich,
hart ist nicht weich,
frisch ist nicht faul,
Ochs ist kein Gaul,
sauer ist nicht süß,
Händ' sind keine Füß',
Füß' sind keine Händ',
's Lied hat kein End'.

Es war einmal ein Mann,
der hatte eine Kann'.
Die Kanne war zu schwer,
da nahm er eine Scher'.
Die Schere war zu stumpf,
da ging er in den Sumpf.
Der Sumpf war ihm zu naß,
da ging er auf die Gass'.
Die Gass' war ihm zu laut,
da aß er lieber Kraut.
Das Kraut war ihm zu sauer,
da ging er an die Mauer.
Die Mauer war zu alt,
da ging er in den Wald.
Der Wald war ihm zu groß,
da setzt' er sich aufs Moos.
Das Moos war ihm zu weich,
da wurde er ganz bleich.
Er rief nach einem Mann,
der hatte eine Kann' ...

Wir geben einen Ball,
Sprach die Nachtigall.
Wo?
Sprach der Floh.
Was werden wir essen?
Sprachen die Wespen.
Jeder 'ne Nudel!
Sprachen die Pudel.
Was werden wir trinken?
Sprachen die Finken.
Bier!
Sprach der Stier.
Nein, Wein!
Sprach das Schwein.
Wo werden wir tanzen?
Sprachen die Wanzen.
Im Haus!
Sprach die Maus.

Bastelspaß für Sammler

Tolle Schätze in der Schatzburg

Was ein rechter Sammler ist, dem ist kein Ding zu klein oder zu groß, zu leicht oder zu schwer, zu eckig oder zu rund, zu lang oder zu kurz, zu dünn oder zu dick. Und vor allem kennt er die Frage nicht: Wozu ist das gut und nützlich?

Ein richtiger Sammler ist zugleich auch immer ein Schatzgräber. Und darum braucht er eine eigene Schatzburg für seine phantastischen Funde.

Kein Spaziergang, kein Urlaub von dem nicht etwas mit nach Hause gebracht wird. Geheimnisvoll bunte Glasstücke, edel geschwungene Federn oder alte Postkarten mit verblichener Schrift können überall verborgen liegen. All diese Schätze werden dann in dieser tollen Schatzburg wunderbar aufbewahrt.

Und so wird's gemacht

1 Zuerst muß eine Schachtel her, die einen ordentlichen Deckel hat. Schachtel- und Deckelränder sollten fast gleich lang sein. Schuhkartongröße ist das mindeste, besser ist eine noch größere Schachtel. Aber es kommt natürlich auch auf Anzahl und Größe der Schätze an!

2 Deckel hochkant stellen und oben und unten einen Schnitt in den Deckelrand machen, wie es die Zeichnung zeigt. Von Schnitt zu Schnitt den Deckelrücken leicht knicken. Jetzt ist ein Burgteil schon mal dreieckig.

3 Schnittkanten etwas verkleben. Damit die Dreiecksform so bleibt, oben und unten eine runde Pappscheibe auf die Schnittstellen kleben – das macht die Burg besonders standhaft.

4 Jetzt werden Fenster und Luken ausgeschnitten, aber wieder mit bunten Papieren beklebt, damit nicht jeder ungebeten reinschauen kann. Obendrauf nochmals eine Schachtel setzen, auch wieder mit Fenstern und Luken. Und ganz obendrauf ein richtiges Dach. Die Flagge nicht vergessen!

5 Jetzt ist der hintere und eigentlich wichtige Burgteil dran, der Schatztresor. Auch er wird, wie der vordere Teil, zunächst auf Dreiecksform gebracht. Darauf achten, daß er sich in den Deckel schieben läßt, denn später soll ja die Burg auch richtig verschlossen werden.

6 In den hinteren Burgteil werden nun, wie bei einem Setzkasten, Schachteln eingepaßt, die sich nahtlos gegenseitig stützen und festhalten. Wenn die Wand lückenlos

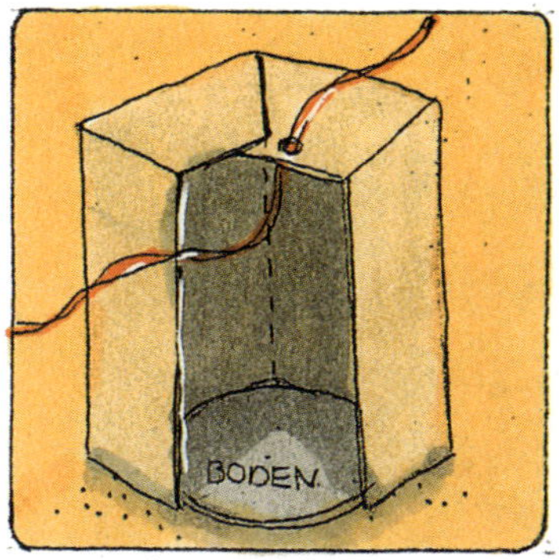

»beschachtelt« ist, alle Schachteln etwas festkleben, damit nichts umkippt, wenn die schweren Schätze erst einmal dort lagern. Nach Belieben alles bemalen.

7 Nun die Burg zuklappen, runde Stellen übereinanderschieben und oben je ein Loch ins Dach stanzen und lange, bunte Schnürriemen durchziehen. Jetzt kann man die Burg verschließen, und wer möchte, klebt noch ein Schild daneben: Öffnen verboten!

MATERIALIEN

Schuhkarton oder andere große, feste Schachtel

Viele kleine Schachteln

Papier in allen Farben

Schaschlikstäbchen

WERKZEUGE

Schere

Locher

Klebstoff

Wasserfarben

Pinsel

Kinder brauchen Schätze

Schätze sind ein sehr wichtiger Aspekt im Kinderleben. Alles ist noch neu, interessant und begehrenswert. Für einen Erwachsenen nutzlose Gegenstände bergen die geheimnisvollsten Geschichten von Zwergen und Feen. Ein Zauber geht von ihnen aus, der den Alltag verwandelt. Das wird zunächst einmal gesammelt und gehortet, oft gegen den Willen der Eltern, oft auch belächelt. Und manchmal noch schlimmer: Eltern werfen diese Schätze einfach weg.

Aber wie soll ein Kind dann lernen, Dinge zu vergleichen, zu unterscheiden, sie einzuordnen, in Gattungen zu sortieren und sich eine eigene Meinung von Nützlichem oder Unnützem, von Schönem und Bizarrem und darüber zu bilden, was man mit den Dingen tun kann? Manchmal trennen sich Kinder auch von solchen Dingen, die sie zwar eine Weile gehütet haben, über die sie aber hinausgewachsen sind. Das alles müssen sie selbst gestalten, erkennen und bestimmen.

Helfen Sie Ihrem Kind, die Schätze so unterzubringen, daß kein Chaos entsteht, etwa durch bereitgestellte Kisten, Kästen und Dosen. Oder basteln Sie mit ihm zusammen eine Schatzburg.

Kinder sind nicht lange Sammler, aber solange sie es sind, verdienen sie jede Unterstützung.

Welche Tiere bewohnen diese Burg? Und welche Gegenstände sind dort verwahrt?

Für Erwachsene und andere Unbefugte heißt es hier: »Hände weg!« Alles, an dem das Herz hängt, das mit Erinnerungen verbunden ist, das man wegen seiner Schönheit gerne besitzt, das eine zauberhafte Ausstrahlung hat, all das findet hier seinem Wert entsprechend Platz.

Bastelspaß für lange Winternachmittage

Wollfiffi

Dieser lustige Wandschmuck sieht auch an Fenster und Türen toll aus. Er läßt sich aus billigen Materialien, vor allem aus Wollresten, mit einigem Geschick auch von kleinen Kindern herstellen.

Und so wird's gemacht

MATERIALIEN

Dünner Ast oder Holzstange, etwa 40 cm lang

Viele bunte Wollreste

Eine Holzkugel (Durchmesser 4 cm) mit Loch

Bunte Watte

Filzstifte

Etwas Zwirn

WERKZEUGE

Dicke Häkelnadel

Klebstoff

Schere

- Zunächst wird eine etwa 60 Zentimeter lange Schnur aus Luftmaschen gehäkelt.
- Etwa 20 Zentimeter von jedem Ende entfernt wird jeweils ein Knoten in die Luftmaschenschnur gemacht. Auf den einen Knoten kommt später die Holzkugel, der andere zeigt das Schwanzende des Wollfiffis an.
- Mit den Filzschreibern wird auf die Holzkugel ein lustiges Gesicht gemalt.
- Etwas bunte Watte herauszupfen und als Haare auf die Holzkugel kleben.
- Nun wird die Holzkugel auf die Luftmaschenschnur gefädelt und an dem Knoten befestigt.
- Die Schnur mit dem Holzkopf an den beiden äußeren Enden des Zweiges befestigen.
- Aus möglichst vielen verschiedenfarbigen Wollresten werden etwa 30 Luftmaschenschnüre gehäkelt. Jede sollte etwa 40 Zentimeter lang sein.
- Die Luftmaschenschnüre werden bunt durcheinander zwischen Holzkopf und Schwanzknoten mit einem einfachen Knoten befestigt.
Die Schnurenden sollten rechts und links neben dem Knoten gleich lang sein.
- Mit dem Zwirn wird der Wollfiffi aufgehängt.

Kinder, die noch keine Luftmaschen häkeln können, kordeln oder knüpfen die Wollfäden. Wichtig ist nur, daß der Wollfiffi möglichst bunt wird.

Ein lustiger Geselle, der – am Fenster aufgehängt – einen trüben Wintertag hinter den Scheiben schnell vergessen macht.

Ballonflitzer

Man sieht sie nicht, und man spürt sie nicht und ist dennoch beständig von ihr umgeben. Die Rede ist von der Luft. Wieviel Kraft dieses Element hat, wenn es in Bewegung kommt, zeigt nicht nur die Tür, die mit lautem Knall zufliegt, wenn sie in einen Luftzug gerät, sondern auch der Ballonflitzer. Dieser Luftkissengleiter kann nicht nur auf dem Tisch gleiten, sondern sogar kopfüber unter dem Tisch flitzen. Wichtig ist nur, daß das Loch in der Mitte des tellerförmigen Gleiters ausreichend groß ist.

MATERIALIEN

Sperrholzbrettchen (7 x 7 cm, 3 mm stark)
Plastikhülse von einem Filzschreiber o. ä.
Luftballon

WERKZEUGE

Kleber
Feinsäge
Schmirgelpapier
Bohrmaschine, Bohrer (9 mm Durchmesser)

Und so wird's gemacht

- Das Sperrholzbrettchen wird mit dem Schmirgelpapier glattgeschliffen. Je glatter die Unterseite des Brettchens ist, desto besser wird der Ballonflitzer später gleiten.
- Mit dem Bohrer wird in der Mitte des Brettchens ein acht bis neun Millimeter großes Loch gebohrt. Danach wird mit dem Senkbohrer die Öffnung leicht abgeschrägt.
- Die Bohröffnung wieder fein abschleifen.
- Nun wird von der Plastikhülse des Filzschreibers die obere Spitze abgeschnitten (erste Abbildung).
- Zum Schluß wird die Hülse über die Öffnung geklebt. Wer will, kann den Ballonflitzer noch mit Filzstiften anmalen.

So braust er los!

- Der Luftballon wird aufgeblasen und über die Plastikhülse gestülpt.
- Dann wird der Ballonflitzer auf eine glatte Fläche gesetzt und losgelassen. Die ausströmende Luft treibt den Gleiter an.

Warum flitzt der Gleiter?

Die Luft bewegt sich zwischen Gleiter und Tisch mit großer Geschwindigkeit radial nach außen. Auf diese Weise entsteht gegenüber der Oberseite des Gleiters ein Unterdruck.
Wie stark Luft ist, kann mit diesem Versuch ausprobiert werden: Zwei Eierbecher werden Rand an Rand nebeneinandergestellt, und in einen wird ein gekochtes Ei gegeben. Bläst man nun kräftig in den Zwischenraum zwischen Ei und Eierbecher, erhöht sich der Luftdruck, wodurch das Ei gelupft wird und in den leeren Becher hüpft.
Mit dieser Kraft kann die Luft auch Unheil anrichten. So ist z. B. ein Tornado, der alles auf der Erde wegfegt, nichts anderes als eine schmale Säule aufsteigender Warmluft.

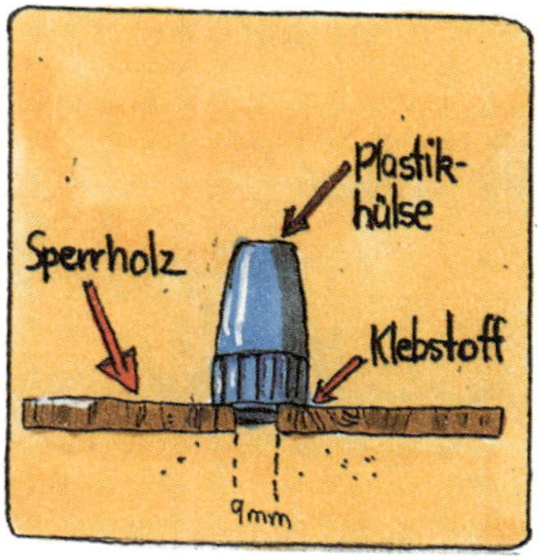

Hui – schon geht's dahin. Wer weiß, vielleicht flitzt ja ein roter Ballon noch schneller. Ausprobieren!

Der Tanz der Tiermasken auf dem Faschingsball für Kinder.

MATERIALIEN

Bunte Krepprollen

Luftballons

Luftschlangen

Reißzwecken

Alte Tapetenrollen oder große Bogen Papier

Pinsel verschiedener Größe

Wasserfarben

eine große Decke

2 Leintücher oder Decken

Schnur

Mehrere Sicherheitsnadeln

Schere

Wäscheklammern

Die Jahreszeit erleben

Kinderfasching

Feste soll man feiern, wie sie fallen. Für Kinder ist es immer eine große Sache, in fremde Rollen zu schlüpfen und für ein paar Stunden mal jemand ganz anderer zu sein. Beim Tierfest kann jeder zeigen, was er besonders gut kann. Höhepunkt des Festes ist eine kleine Zirkusvorstellung.

Das Zimmer schmücken

- Die Krepprollen werden mit Reißzwecken an der Wand befestigt und kreuz und quer durch das Zimmer gespannt.
- Die Luftballons aufblasen und an der Decke und den Wänden feststecken. Wer will, kann sie mit Luftschlangen dekorieren. So entsteht ein kunterbuntes Zimmer.
- Aus dem Papierbogen wird das Bühnenbild für die Tiermanege. Mit den kleinen Pinseln können die Umrisse gezeichnet werden, während sich die großen für die Ausmalarbeiten eignen. Als Motiv eignet sich z. B. ein lustiger Clown. Das Plakat einfach an die Wand hängen.
- Vor dem Plakat wird die Decke ausgebreitet. Sie ist unsere Manege, in der die Aufführungen stattfinden können.
- Aus den zwei Leintüchern oder Decken läßt sich schnell ein Zirkusvorhang herstellen. Dazu wird die Schnur einmal quer durch das Zimmer gespannt, so daß davor noch genügend Platz für die Artisten ist. Am besten läßt sich die Schnur an stabilen Regalen, an Fenstergriffen oder der Tür befestigen. Sie sollte jedoch nicht zu niedrig gespannt sein. Die beiden Tücher werden nebeneinander über die Schnur gelegt und an den Enden mit Wäscheklammern festgesteckt. Der Vorhang teilt sich nun in der Mitte und bildet den Eingang zur Manege.

Lustige Tiermasken aus Abfall

Damit der Zirkus auch mit richtigen Tiernummern aufwarten kann, müssen sich die Kinder auch dementsprechend verkleiden können. Durch die lustigen Tiermasken werden auch die kleinsten Kunststückchen zu echten Zirkusattraktionen. Das muß keineswegs aufwendig und teuer sein. Aus Abfallresten und etwas Farbe werden die Tiermasken gemacht, und wer noch aussortierte Kleidungsstücke hat, kann daraus mit ein bißchen Zubehör phantasievolle Kostüme basteln.
Hier sind ein paar Anregungen für die Tiermasken. Sie lassen sich beliebig ergänzen und ausbauen.

Krokodil

- Die beiden Eierkartonhälften teilweise voneinander trennen. Die untere Hälfte wird mit den Händen leicht nach oben gebogen. Die beiden Hälften bilden die Schnauze des Krokodils.
- Mit dem Klebstoff werden die beiden Hälften hinten an einer Schmalseite fest zusammengeklebt.
- Aus dem anderen Eierkarton werden zwei Eierbecher ausgeschnitten. Der Boden der Eierbecher wird herausgeschnitten.
Dann werden die Formen als Krokodilsaugen aufgeklebt.
- Damit die Maske an das Gesicht paßt, wird hinten eine kleine Mulde für die Nase eingeschnitten.
- Jetzt wird das Krokodil bemalt. Besonders gefährlich sieht das Krokodil aus, wenn die Schnauze innen rot angemalt wird! Die spitzen Höcker an der Seite des Eierkartons werden weiß angemalt. Sie sind die Zähne.
- Zum Schluß wird an den beiden Rändern der Maske je ein Loch gebohrt und der Hutgummi daran befestigt.
- Andere Masken werden mit Papprollen als Nasen und bemalten Papiertüten als Gesichter gebastelt.

Trotz der großen Zähne ist es ein freundliches Krokodil.

MATERIALIEN

2 Eierkartons (für je 10 Eier)

Stück weißer Karton

Gummischnur

Dispersionsfarben

WERKZEUGE

Pinsel

Schere

Klebstoff

Blaubär

- Den Papierteller vor das Kindergesicht halten und die Augen mit Bleistift einzeichnen. Die Augen ausschneiden.
- Den Joghurtbecher an seiner Bodenseite längs einschneiden, so daß eine Schnauze entsteht (erste Abbildung).
- Aus dem roten Karton eine Zunge ausschneiden und in die eingeschnittene Becheröffnung kleben.
- Den Joghurtbecher auf den Pappteller aufkleben.
- Aus dem blauen Karton Bärenohren ausschneiden und aufkleben.
- Unterhalb der Augen werden mit der Schere feine Löcher gebohrt. Durch sie wird der Hutgummi gezogen.
- Zum Schluß wird der Blaubär bemalt.

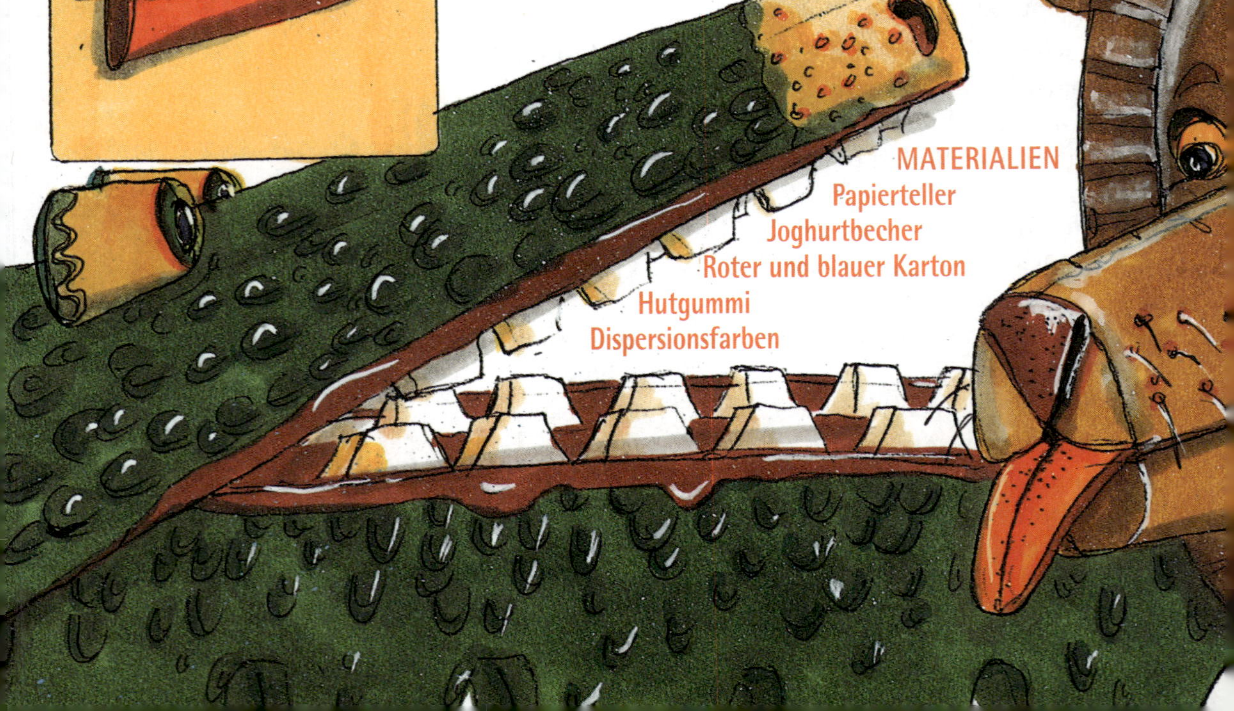

MATERIALIEN
Papierteller
Joghurtbecher
Roter und blauer Karton
Hutgummi
Dispersionsfarben

Storch

- Aus dem rechteckigen Stück Karton einen langen, spitzen Schnabel formen und zusammenkleben.
- Mit dem Filzstift wird rechts und links von der Schnabelspitze aus zum Schnabelrand hin je ein Strich gezogen. Er trennt die beiden Schnabelspitzen voneinander.
- Aus dem Eierkarton werden zwei Eierbecher ausgeschnitten. Der Boden der Becher wird herausgeschnitten, so daß zwei Löcher entstehen, die Augen des Vogels.
- Die Augen bemalen und auf den Schnabel kleben.
- In die Ränder des Schnabels rechts und links zwei kleine Löcher bohren und den Hutgummi daran befestigen.

MATERIALIEN
Eierkarton
Roter Karton (40 x 60 cm)
Hutgummi
Dispersionsfarben

Auch Bären und Störche bekommen irgendwann Hunger.

Leckeres zum Tierfest

Und das ist das festliche Menü:

SPRITZKÜCHLEIN
*
APFELKÜCHLEIN
*
VOGELQUICHE
*
POPCORN ZUR TIERFÜTTERUNG

Spritzküchlein

ZUTATEN
(für etwa 25 Stück)
- 25 g Butter
- 1/8 l Milch
- 1 Prise Salz
- 1 Prise Zucker
- 75 g Mehl
- 2 Eier
- 1/2 TL Backpulver
- 50 g Rosinen
- Fett zum Fritieren
- Etwas Puderzucker zum Bestäuben

Zubereitung

- Die Milch, die Butter, Zucker und Salz aufkochen.
- Das Mehl auf einmal zugeben und mit einem flachen Holzlöffel glattrühren, bis sich der Brandteig von der Topfwand löst. Den Topf vom Herd nehmen und ein Ei unterrühren.
- Jetzt wird der Teig in eine Schüssel umgefüllt und stehengelassen, bis er auf Zimmertemperatur abgekühlt ist.
- Nun das andere Ei, Backpulver und die Rosinen unterrühren und den Teig in einen Spritzbeutel mit großer Lochtülle füllen.
- Auf einen Streifen Pergamentpapier werden immer wieder walnußgroße Häufchen gespritzt und in heißem Fett ausgebacken, bis sie goldbraun sind.
- Zum Schluß die Spritzküchlein mit etwas Puderzucker bestäuben.

Guten Appetit!

Apfelküchlein

Zubereitung

- Das Mehl mit der Milch verrühren, bis der Teig schön glatt ist. Dann zwei Eier, Vanillezucker und eine Prise Salz hinzufügen und nochmals kurz rühren.
- Die Äpfel waschen, das Kerngehäuse entfernen und die Äpfel in dickere Scheiben schneiden.
- Das Fett in der Pfanne erhitzen.
- Die Apfelringe durch den Teig ziehen und in das heiße Fett legen. Von beiden Seiten goldbraun backen.
- Die Apfelküchlein auf einem Küchenpapier abtropfen lassen und mit Zimt und Zucker bestreuen.

ZUTATEN

6 große, säuerliche Äpfel

100 g Mehl

1/4 l Milch

2 Eier

1 Prise Salz

1 Päckchen Vanillezucker

Fett zum Ausbacken

3–4 EL Zucker

1 TL Zimt

Vogelquiche

Zubereitung

- Eine runde Kuchenform wird mit Butter ausgestrichen und dann mit dem Blätterteig belegt. Mehrmals mit der Gabel einstechen.
- Den Schinken in kleine Stücke schneiden und auf dem Teig gleichmäßig verteilen.
- In einer großen Schüssel werden die Milch, die Eier sowie Salz und Pfeffer verrührt und auf den Teig gegeben.
- Den Eierkuchen bei 220 °C etwa 30 Minuten backen.
- Nach dem Backen wird der Kuchen verziert. Dazu wird das Ei der Länge nach in Scheiben geschnitten. Zwei etwa gleich große Scheiben werden die Augen des Vogels. Die Pupillen sind zwei schwarze Oliven.
- Aus dem Toastbrot wird ein schmales Dreieck herausgeschnitten und mit Tomatenmark bestrichen. Das ist der Schnabel.
- Die grüne Paprika wird in feine Streifen geschnitten. Die Streifen bilden den Kamm des Vogels.

ZUTATEN

Blätterteig (tiefgefroren)

3 Eier

1/4 l Milch

3 Scheiben Schinken

1 hartgekochtes Ei

Schwarze Oliven

1 grüne Paprika

1 Scheibe Toastbrot

Tomatenmark

1 Prise Salz und 1 Prise Pfeffer

Popcorn

Zubereitung

ZUTATEN
1 Tasse Maiskörner
1 TL Öl
150 g Butter
1 gehäufter TL Salz

- In einer Pfanne wird ein Drittel der Butter zusammen mit dem Öl erhitzt.
- Wenn das Fett so heiß ist, daß ein hineingeworfenes Probekorn sofort aufspringt, werden die restlichen Körner zugegeben.
Die Pfanne sofort mit einem Deckel abdecken.
- Nachdem alle Körner aufgesprungen sind, wird die Pfanne vom Herd genommen.
- In einem Extrapfännchen wird die restliche Butter mit dem Salz erhitzt. Vorsicht, die Butter darf nicht zu heiß werden!
- Dann über das Popcorn tröpfeln, umwenden und sofort servieren.

Kleinere Kinder sollten die Zubereitung aber nie ohne Aufsicht übernehmen. Es besteht Verbrennungsgefahr durch das heiße Fett.

Lustige Tierspiele

Tierakrobatik

Der Zirkusdirektor wird mit schwarzem Faschingszylinder, einer weißen Fliege und weißen Handschuhen ausstaffiert. So kann er mit respektabler Erscheinung die Leitung des Programmablaufs übernehmen.

Für einen lustigen Tierzirkus braucht man zunächst einen Zirkusdirektor. Eines der Kinder übernimmt die Rolle des Ansagers.
Es sagt z. B.: »Hochverehrtes Publikum, Sie sehen heute bei uns im Zirkus ›Halligalli‹ die einmalige und weltberühmte Tierakrobatik. Als erstes präsentieren wir Ihnen den tanzenden Bären!«
Die anderen Kinder sind die Tierakrobaten.
Zunächst müssen sie sich aufwärmen, um für ihre Vorführungen bereit zu sein. Am besten schaltet man für ein paar Minuten Musik ein. Der Vortänzer macht vor, was die anderen nachmachen sollen:

- Einzelne Körperteile wie Arme, Beine, Rumpf schütteln
- Die Arme so hoch strecken, wie es nur geht
- Auf einer Stelle hüpfen
- In der Hocke durch den Raum gehen
- Wie ein Frosch hüpfen
- Sich auf dem Bauch wie eine Schlange durch den Raum schlängeln
- Mal eine Weile auf dem rechten, dann auf dem linken Bein hüpfen.

Die Vorführung

Hier kommt es nicht so sehr darauf an, daß tolle Kunststücke vorgeführt werden, sondern daß jedes Kind einfach in die Rolle seines »Tieres« schlüpft.

- So kann der Blaubär z. B. auf allen vieren in die Manege kommen. Dann richtet er sich auf seinen Hinterfüßen auf und fängt einen ihm zugeworfenen Ball auf. Anschließend beginnt er sich nach der passenden Musik wie ein folgsamer Tanzbär zu bewegen.
- Fledermaus und Eule können gemeinsam auftreten und ihre Flugkünste vorführen. Dabei können sie von einem Stuhl hüpfen und ihre Arme ausbreiten oder einfach in vielen Bögen durch die Manege rennen.
- Besonders spannend ist die Löwendressur, wenn der Löwe durch einen Hula-Hoop-Reifen einen Purzelbaum macht.
- Das Krokodil zeigt, wie wendig es ist, indem es über ein auf dem Boden liegendes Seil balanciert.
- Der Storch zaubert Luftballons an die Zimmerdecke. Das geht so: Ein aufgeblasener Luftballon wird eine Zeitlang an einem Pulli gerieben. Dadurch lädt sich der Luftballon elektrostatisch auf. Wenn man ihn jetzt an die Zimmerdecke hält, so bleibt er dort für eine Weile »kleben«.

Ob dieser Löwe die Dressur mitmacht, ist fraglich. Er scheint eher Schabernack im Sinn zu haben.

Wir spielen und machen Musik

Schattentheater

Als Bühne wird ein Türrahmen mit Hilfe von Heftzwecken mit einem weißen Bettlaken verhängt. Hinter diese »Filmleinwand« wird eine Stehlampe gestellt, die das Bettlaken anstrahlt. Auf der anderen Seite sitzen die Zuschauer. Hinter dem Bettlaken beginnt die Vorstellung. Jeweils ein Darsteller steht oder sitzt zwischen Stehlampe und Bettlaken, macht Faxen oder stellt etwas dar, was die Zuschauer, die natürlich im Dunkeln sitzen, erraten müssen. Es kann auch ein Kind nach dem anderen den Zuschauerraum verlassen, sich mit Mütze, Schal oder Brille verkleiden und die anderen raten lassen, wer sich da als Schatten darstellt. Viel Spaß macht es auch, wenn der »Schatten« eine Kiste auspackt, einen Gegenstand nach dem anderen hochholt und die Zuschauer raten läßt, um was es sich handelt.

Schattenbilder

Schattenbilder waren einmal sehr modern, allerdings gab es da noch keine Fotoapparate. Und so macht man ein Schattenbild.
An die Wand wird ein großes weißes Blatt geheftet, am besten aus dem Zeichenblock. Davor sitzt die Person, die gezeichnet werden soll.
Nun wird das Blatt mit einer Lampe so angestrahlt, daß die Person als Schattenriß im Profil gut zu sehen ist. Mit einem dicken Filzer ganz exakt die Umrisse nachzeichnen und später ausmalen. Echte Schattenrißzeichnungen sind schwarzweiß, aber bunt sehen sie auch hübsch aus.

Wassermusik

Es gibt Künstler, die veranstalten ganze Konzerte nur mit Gläsern, die sie mit Wasser in unterschiedlicher Höhe gefüllt haben.
Das versuchen wir jetzt auch. Zunächst braucht man Trinkgläser, die auch ohne Wasser gut klingen, wenn man sachte mit einem Teelöffel daran schlägt.

Hat man acht Gläser dieser Art gefunden, werden sie nach und nach so mit Wasser gefüllt, daß ganz unterschiedliche Töne von hoch bis tief entstehen. Wir probieren so lange, bis die Töne der acht Gläser eine Tonleiter ergeben, mit der die Ohren zufrieden sind. Die hohen Töne, also die Gläser mit wenig Wasser, stellen wir rechts von uns auf, ganz links steht dann das Glas mit dem tiefsten Ton und dem meisten Wasser. Jetzt kann's losgehen. Mit dem Teelöffel Lieder mit einfachen Tonfolgen anschlagen oder selber Melodien erfinden. Ein zweites Kind darf mitspielen, sozusagen als Begleitung. Es wechselt zwischen zwei oder drei Tönen hin und her. Wenn zwei Kinder aufeinander eingespielt sind, werden sie vom Fleck weg als Hintergrundmusiker für das Schattentheater engagiert.

Kammblasen

Ein engzahniger Kamm wird mit Butterbrotpapier umwickelt. Man drückt die Lippen dagegen und summt eine schöne, laute Melodie. Wenn man dann noch kleine Steine in eine Plastikflasche füllt und rhythmisch rasselt, ist das Orchester perfekt.

Knopf im Topf

Zu diesem Spiel braucht man für jedes Kind einen Joghurtbecher und mindestens 25 Knöpfe oder gleich große Steinchen, Kirschkerne oder Bohnen. Die Knöpfe werden in den Becher gefüllt. Ohne daß jemand mitzählen kann, nimmt das erste Kind ein paar Knöpfe in seine geschlossene Hand und fragt das zweite Kind: »Hab' ich einen Knopf im Topf?« Das Kind sagt ja und nennt eine Zahl. Stimmt diese, bekommt es die Knöpfe.
Liegt die Zahl darunter, muß es so viele Knöpfe an das Kind geben, wie es in seiner Schätzung darunterlag. Hat es höher geschätzt, muß es ebenfalls Ausgleich zahlen. Man kann aber

auch mit völlig leerer Hand fragen: »Hab' ich einen Knopf im Topf?« Rät ein Kind richtig, erhält es von allen anderen je einen Knopf.
Das Spiel ist aus, wenn ein Kind in seinem Joghurtbecher keinen einzigen Knopf mehr hat.

Knopfschießen

Auf den blanken Tisch wird mit Kreide ein Dreieck gezeichnet. Es sollte mindestens 20 Zentimeter breit und auch so lang sein. Das Dreieck mit zwei Strichen in drei Gefächer teilen. Das größte Gefach noch mal in drei Gefächer einteilen, das zweitgrößte in zwei. In das oberste Dreieck »25« schreiben, in die zwei Gefächer »20« und »15«, in die drei unteren Gefächer »5«, »10«, »5«.
Auf dem Tisch, weit weg vom Dreieck, einen Strich zeichnen. Von hier aus darf geschossen werden. Jedes Kind wählt sich aus einem Knopfangebot hinter dem Strich den Knopf, mit dem es das Dreieck am besten erreichen zu können glaubt. Alle erreichten Punkte werden aufgeschrieben. Wer hat die meisten Punkte?

Auf dieses Dreieck wird mit den Knöpfen geschossen.

Knöpfewürfeln

Alle Knöpfe auf einen Berg legen. Jedes Kind bekommt zwei Würfel und darf sich immer so viele Knöpfe nehmen, wie es gewürfelt hat.
Außer bei:
- Drei Augen – doppelte Menge nehmen
- Sieben Augen – diesmal gibt es nichts
- Zwölf Augen – zusätzlich gibt es noch von jedem Mitspieler einen Knopf.

Dieses Spiel ist eine Fundgrube für Erfinder von Regeln.

Viel Spaß!

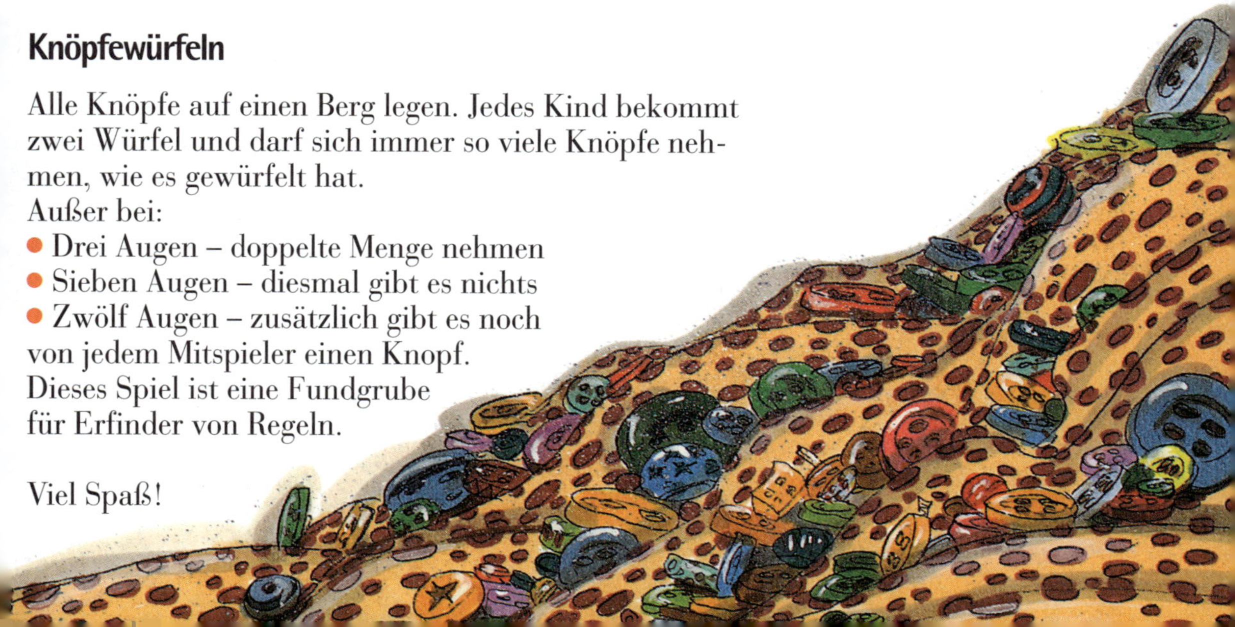

Sammeln, sortieren, aufbewahren

Bären über Bären

Ein selbstgebastelter Setzkasten ist natürlich noch schöner. Vor allem kann man die Fächer verschieden groß machen, so daß auch mal ein größerer Teddy Platz findet. Am einfachsten klebt man ganz viele vorne offene Schachteln auf einen stabilen Karton. Von allen Seiten mit Holzspateln verstärken. Beim Aufhängen den Setzkasten vom Sockel her stützen, indem man ein Band rund ums Regal legt und es an den Enden aufhängt.

Sobald wieder einmal ein Wunschzettel fällig ist, »Setzkasten« ganz groß draufschreiben! Es muß kein Riesensetzkasten sein. Der auf dem Bild ist einer der kleinsten: Er mißt ganze 20 mal 30 Zentimeter bis hinauf zur Dachspitze. Und dann wird gesammelt. Es macht großen Spaß, nur ein Motiv zu sammeln. Und kaum hat man sich für ein Motiv entschieden, da stößt man auch schon mit der Nase beständig darauf. Man wird beinahe magisch angezogen von dem Motiv, findet es plötzlich überall.
Wer kleine Bären sammelt, sollte zunächst einmal in der eigenen Spielkiste stöbern. Was jetzt noch im Setzkasten fehlt, wird mit Geduld gesammelt. Übrigens, wenn jemand mal wieder fragt, was er mitbringen soll ... Ein Bärchen, aber klein muß es sein!

Tauschen macht Spaß

Viel Spaß macht es auch, mit anderen Kindern zu tauschen. Wer Eulen, Enten oder Dinos sammelt, ist sicherlich bereit, ein Bärchen gegen sein Lieblingsmotiv zu tauschen.
Als die Menschen das Geld noch nicht kannten, war Tauschen an der Tagesordnung: Mehl gegen Salz, Wolle gegen Fleisch, Eier gegen Rüben.
Und was spricht heute dagegen, ein Bärchen gegen einen Uhu oder eine Echse einzutauschen? Ich meine, nichts. Kaufen kann jeder. Aber das ist eine viel zu einfache Sache. Und Tauschen macht auch viel, viel mehr Spaß. Vor allem deshalb, weil man dabei auf immer neue Sammelideen kommt.

22. Dezember:
Heute beginnt der Winter.
In zwei Tagen ist Heiligabend.

Das Sternzeichen Steinbock beginnt mit dem Winteranfang.

24. Dezember:
Das Christkind ist da!

25. und 26. Dezember:
1. und 2. Weihnachtstag.

31. Dezember: Silvester.

1. Januar: Neujahrstag.

6. Januar: Heilige Drei Könige.
Die Sternsinger gehen von Haus zu Haus.

Am 21. Januar beginnt das Tierkreiszeichen Wassermann.

er Tagebuch

Februar

2. Februar: Lichtmeßtag.

Früher wurden an diesem Tag alle Weihnachtssachen wieder weggeräumt, auch die Puppenstube und der Kaufmannsladen.

14. Februar: Valentinstag.
Wenn man jemanden besonders liebhat, schenkt man ihm heute Blumen.

Am 20. Februar beginnt das Tierkreiszeichen Fische.

März

Fasching fällt in den Winter.
Vom »schmutzigen Donnerstag« bis Faschingsdienstag sind viele Städte fest in der Hand der Narren.
Am Aschermittwoch ist der Karneval zu Ende.
Die Fastenzeit beginnt, etwa sechs Wochen später ist Ostern.

20. März:
Der Winter ist zu Ende.
Morgen beginnt der Frühling.

So endet diese Jahreszeit

Jetzt wird ein kleines Gewächshaus gebastelt, in dem an einem sonnigen Platz schon Blumen wachsen können.
Einen Blumenkasten mit Erde füllen und die Samen einsetzen. Aus Draht mehrere Bögen 10 Zentimeter hoch über den Kasten spannen, seitlich tief in die Erde eingraben. Darüber kommt eine Plastikfolie, deren Seiten an den Bögen befestigt werden. Vorne und hinten offenlassen. Kommen die ersten Sprossen, müssen einige raus, damit die anderen genügend Platz haben.

Am 20. März ist der Winter zu Ende. Auf dem Kalender! Manchmal grünt und blüht es schon längst vor dem kalendarischen Frühlingsbeginn, manchmal stürmt und schneit es noch in der Karwoche. Ist der Winter besonders streng, wird ein warmer Sommer vermutet. Aber die Natur läßt sich nie so ganz genau in die Karten gucken.
Eines aber ist auch ohne Blick auf den Kalender ganz gewiß: Die Nächte werden kürzer und die Tage länger. Mit den ersten wärmenden Sonnenstrahlen kehren die Stare zurück. Und so mancher Storch muß noch Schnee wegräumen, wenn er sein Nest vom Vorjahr wieder aufsucht.

Sehnsucht nach Sonne

Die Menschen sind von der langen Winterdunkelheit licht- und sonnenhungrig geworden. Wenn die Mittagssonne durch die Wolken bricht, sind die ersten Parkbänke wieder besetzt. Tische und Stühle erscheinen wieder vor Cafés und Bistros. In warmen Mänteln sitzen die ersten zaghaften Gäste beim heißen Kaffee. Eine Eisdiele nach der anderen beendet den Winterschlaf. Wenn es noch winterkalt ist, gehört schon fast ein wenig Mut dazu, jetzt auf der Straße ein Eis zu lecken. Aber vielleicht macht ja dieser Anblick dem Frühling endlich Beine.
Der Wochenmarkt wird wieder bunter. Erster Freilandkopfsalat wird angeboten. Schneeglöckchen und Krokusse, rote, gelbe und blaue Primeln auf den Tischen der Bauern beseitigen alle Zweifel: Der Frühling ist da.

Impressum

Der Cormoran Verlag ist ein Unternehmen der Verlagshaus Goethestraße GmbH & Co. KG

2. Auflage 1999

Redaktion:
Michaela Breit

Projektleitung:
Ernst Dahlke

Bildredaktion:
Barbara Glöggler

Umschlag/Layout:
Till Eiden

DTP/Satz:
Maren Scherer

Produktion:
Manfred Metzger

Druck und Bindung:
Westermann Druck Zwickau GmbH

Printed in Germany
Gedruckt auf chlor- und säurearmem Papier

ISBN 3-517-07965-0

Über die Autorin

Carola Schuster-Brink war praktizierende Kindertherapeutin, bildete dann Erzieherinnen aus und arbeitete als Redakteurin für Eltern-Kind-Zeitschriften. Als Mutter zweier Kinder kennt sie die vielfältigen Erziehungsprobleme und weiß, wie wichtig die Jahreszeiten im Kinderleben sind und welch heilsames Mittel Beschäftigung ist. Der Titel entstand unter Mitarbeit von Patricia Mennen.

Bildnachweis

Fotos: Archiv für Kunst und Geschichte, Berlin: 36/37, 122/123, 204, 286/287; Claudia Rehm, Stockdorf b. München: 114, 151; Ernst Fessler, Ravensburg: 9, 15, 21, 24, 26, 27, 28, 29, 39, 49, 51, 53, 55, 60, 61, 87, 97, 101, 106, 107, 121, 125, 129, 131, 137, 141, 143, 144/145, 148/149, 157, 163, 167, 173, 179, 183, 188, 189, 192, 194, 196, 201, 203, 207, 213, 215, 219, 221, 223, 225, 227, 237, 239, 241, 245, 247, 257, 261, 265, 271, 274, 277 (2), 279, 289, 301, 303, 305, 330, 331, 334, 337, 347; Mauritius: 20 (Weber); Patricia Mennen, Ravensburg: 30, 33, 35, 45, 59, 62/63, 69, 71, 76/77, 82, 83, 93, 117, 119, 155, 175, 231, 233, 281, 285, 297, 307, 310/311, 317, 325, 327, 329, 343; The Image Bank: 28, 29 (Chris Close), 56 (Wendler); Tony Stone, München: 139; Ulrich Kerth, München: 270; Willem, France: 164, 165, 248, 249 (2), 276 (2).

Illustrationen: Gisela Dürr, München: 12/13, 18, 22/23, 40/41, 42/43, 46/47, 66/67, 72/73, 74/75, 80/81, 84/85, 88/89, 90/91, 94/95, 98/99, 105, 108/109, 110/111, 112/113, 116, 118, 126/127, 128, 132/133, 134/135, 146/147, 152/153, 158/159, 160/161, 168/169, 170/171, 176/177, 180/181, 187, 190/191, 198/199, 208/209, 210/211, 216/217, 228/229, 234/235, 241, 242/243, 250/251, 252/253, 254/255, 258/259, 262/263, 272/273, 282/283, 290/291, 292/293, 294/295, 298/299, 308/309, 312/313, 314/315, 320/321, 322/323, 329, 332/333, 338/339, 340/341, 344/345.

Quellennachweis

Hinweis

Register